KÖYHÄN PERÄ KESTÄÄ

EIJA KINNUNEN

KÖYHÄN PERÄ KESTÄÄ

Pyörämatka Kemistä Helsinkiin

Kannen kuva: Eija Kinnunen

Kustantaja: BoD – Books on Demand, Helsinki, Suomi

Valmistaja: BoD – Books on Demand, Norderstedt, Saksa

ISBN: 978-951-568-017-4

Kirja on omistettu vuoden 2016 lopussa poisnukkuneelle äidilleni, joka kannusti minua sekä lähtemään reissuun että kirjoittamaan siitä kirjan.

Pyörällä Helsinkiin

Valmistelut

Mieheni Timo haluaa tehdä asioita suuresti. Kun minä ehdotin keittiön kaappien ovien maalausta, hän purki koko keittiön lattioineen ja ulkoseinineen ja laajensi taloa. Kokonaiset 1,2 neliömetriä. Häntä ei kiinnosta viikon etelänloma, sen sijaan pitäisi vuokrata kohteesta talo vähintään kuukaudeksi. Kun hän lähtee merelle hiihtämään, hän hiihtää niin kauas kuin jaksaa ja kääntyy sitten takaisin.

Minä olen vastakohtansa, voisin piipahtaa viikonloppumatkalla Prahassa tai hiihtää puolen kilometrin päähän laavulle paistamaan makkarat ja palata hyvissä voimissa ja potrassa kunnossa takaisin. Remontoisin maalaamalla keittiön kaappien ovet.

Yritämme kolistella suunnitelmistamme kompromisseja, hyvin usein se ei onnistu. Joskus sentään saamme aikaan yhteisen toteuttamiskelpoisen suunnitelman. Tämän vuoksi suorastaan säikähdin, kun Timo heti suostui ehdotukseeni pyöräillä kotoamme Kemistä Helsinkiin. Olin ajatellut, että reissu olisi hänelle aivan liian pienimuotoinen ja oletin hänen tekevän vastaehdotuksen vaikka maailmanympäripyöräilystä tai vähintään Malagan reissusta.

Retkipyöräily on meidän molempien mielestä mukavaa ja mielenkiintoista. Edellinen usean päivän mittainen pyöräreissumme oli kihlajaismatka Oulusta Turkuun vuonna 1981, joten nyt olisi jo hyvinkin aika uudelle reissulle. Joka tapauksessa kävisimme kesällä Helsingissä ilahduttamassa lapsiamme ja ystäviämme. Kauppareissuja pidemmät ajomatkat vuoden 1988 Ooppelillamme ovat jo vuosikausia kirvoittaneet lähipiirissämme epäileviä kommentteja, joten polkupyörä tuntui oikein hyvältä ja luotettavalta kulkuneuvovaihtoehdolta.

8

Suomen kartta siis esille ja kevättalven iltoina suuria linjoja suunnittelemaan. Aluksi neuvottelimme reissullemme raamit:

- Lähdemme Kemistä ja päämääränämme on Helsinki.
- Keskimääräinen ajomatka per päivä olisi noin 100 km, sää - erityisesti tuuli - maasto ja yöpymispaikat huomioiden.
- Ei tiukkoja aikatauluja.
- Jos matka tuntuu mahdottomalta tai vastenmieliseltä, pyöräilyn voi huoletta keskeyttää ja voimme matkustaa junalla tai bussilla loppumatkan.
- Yövymme rakennuksissa. Tämä oli minun ehtoni ja aiheutti keskustelua:

- *Mää haluan ehottomasti yöpyä hotelleisa tai mökeisä tai josaki, misä on seinät, katto ja pesumahollisuuet.*
- *Voitais kuitenki varalta ottaa teltta mukkaan, jos ei vaikka saaha majapaikkaa.*

9

– *Ei voitais! Se vie tillaa ja lisäksi pitäis ottaa makuualustat ja lämpimämmät makuupussit. Teltan pitäis olla niin isoki, jotta mahuttais molemmat sinne sisäle, että se painais varmaan kakskytä kiloa. Ei me mahuta ennään puolen metrin korkusseen kahen hengen telttaan niinku kihlareissula.*

– *Mutta aatteleppako ois sievälä ilmala mukavaa syyä aamiainen teltan eesä ja nukkua makuupusseisa.*

– *Just sitä aattelen. En varmasti yövy. Ensinnäki, jos meilä on teltta mukana, sää alat pihistelleen ja sitte kinastellaan joka ikinen päivä, että yövyttäänkö teltasa vai pröystäilläänkö sisätiloihin. Ja jos suostun telttaan, mun tuurila yölä tullee ukkonen ja sitten pelkään enkä nuku. Lisäks ollaan koko päivän pyöräilyjen jälkeen aamusin niin jäykäsä kunnosa, että kumpikkaan ei pääse patjalta ylös eikä teltasta ulos muuten ku vyörymälä. Pitäs leikata teltasta sivuseinä auki.*

– *Mutta ois se niin paljon halvempaa...*

– *Saat valita matkakumppanin: minä tai teltta.*

– *Hmm, pittää miettiä ja nukkua yön yli.*

– *Siittä vaan, sohvala onki hyvä nukkua.*

Ei otettu telttaa.

Vuoden 1981 reittiä suunnitellessamme katsoimme Suomen kartalta, että valtatie 8 menee kivasti meren-rantaa pitkin, joten valitsimme silloin sen reitin. Todellisuudessa merta ei juurikaan näkynyt, piennar oli kapea ja liikenne suhteellisen kova. Toki tiet ja ajat ovat muuttuneet, mutta jätimme sen reitin heti pois laskuista. Nelostietä taas olemme ajaneet vuosien varrella autolla niin paljon, että sitäkään emme valinneet, vaikka se lyhyin ja selkein reitti olisikin. Jäljelle jäivät siis reitit Itä-Suomen tai läntisen Keski-Suomen kautta. Koska matka on kuitenkin aika pitkä ja oma kestävyys vähän mietitytti, valitsimme Keski-Suomen reitin olettaen siitä tulevan lyhyemmän ja tasaisemman.

11

Kun suuret linjat eli pääperiaatteet ja suurinpiirteinen reitti oli päätetty, aloimme suunnitella yksityiskohtia.

Etenkin alkumatkalla haasteellista oli löytää noin sadan kilometrin välein paikkakunnat, joissa olisi majoitusmahdollisuus. Tienposken telttayöpymiset toki helpottaisivat suunnittelua ja laajentaisivat reittimahdollisuuksia, mutta en siltikään halua ottaa telttaa mukaan. Aikamme karttoja pyöriteltyämme reittisuunnitelmaksi muotoutui:

1. päivä: Kemi – Oulu (n. 105 km)
2. päivä: Oulu – Sipola (n. 85 km)
3. päivä: Sipola – Haapajärvi (n. 100 km)
4. päivä: Haapajärvi – Kivijärvi (n. 105 km)
5. päivä: Kivijärvi – Uurainen (n. 95 km)
6. päivä: Uurainen – Luhanka (n. 105 km)
7. päivä: Luhanka – Asikkala (n. 90 km)
8. päivä: Asikkala – Pornainen (n. 100 km)
9. päivä: Pornainen – Helsinki (n. 55 km)

Matkan kokonaispituus olisi noin 840 km.

Seuraavaksi piti hankkia pyöräilykartat alueilta, joiden läpi reitti kulkee. Timo haeskeli sopivia karttoja netistä, mutta päädyimme hankkimaan myös paperiset Pyöräily GT -kartat valitun reitin alueilta. Isosta paperikartasta on helpompi saada kokonaiskuva alueesta. Ja onhan niitä kiva taitella, kun sen osaa! GT1:n eli pääkaupunkiseudun kartan saimme lainaan kavereiltamme, jotka pyöräilivät Kuninkaanreitin edellisenä kesänä. Ostimme GT3:n ja GT4:n, jotka kattavat keskisen Suomen Oulusta alaspäin. Kemistä Ouluun ajattelimme osata ajella ihan ilman karttaa. Kartat maksoivat parikymmentä euroa kappale, joten pihistelimme emmekä ostaneet myöskään länsirannikon GT2:a, vaikka suunniteltu reitti hipoi karttaalueiden rajoja.

Muitakin varusteita aloimme miettiä. Olennaisimmat ovat tietenkin pyörät. Timolla on hyvä Tunturi-pyörä, mutta minun oli ratkaistava, lähdenkö yli 20 vuotta vanhalla sinisellä Crescentilläni vai tyttäremme muutaman vuoden ikäisellä punaisella Tunturilla, jolla olin talven ajellut Crescentin kumin paikkausta

13

odotellessa. Crescentin käyttäytymisen tunnen yhtä hyvin kuin Timon käyttäytymisen. Sillä (Crescentillä) on hyvä ajaa. Huonona puolena on, että siinä (Crescentissä) ei ole jousitusta ja vaihteitakin on vain viisi. Ja jostain syystä sen (Crescentin) kumit puhkeilevat tämän tästä, yleensä mahtipontisesti paukahtaen. En tiedä, onko vika pyörässä, ajajan painossa, jousituksen puutteessa vai missä. Tunturin kumit eivät kuitenkaan puhkeile edes minun sillä ajaessani. Tunturissa on lisäksi jousitus ja 21 vaihdetta. Ajoasento on minulle oudompi kuin Crescentissä, mutta päädyin silti valitsemaan reissupyöräkseni Tunturin.

Siispä Crescentin lepotanko siirrettiin Tunturiin ja aloin fiilailla ajoasentoa. Se onkin pienestä kiinni – senteistä tai jopa millimetreistä. Timo kaiveli netistä teoriatietoa ajoasennosta, minä harrastin enemmän empiriaa. Tunturin runko on minulle teoriassa liian korkea, mutta käytännössä en ole huomannut siitä mitään haittaa. Olen mallia lyhyt ja matalajalkainen, joten Jopon runko olisi teoreettisesti sopivin.

Hankalimmaksi osoittautui löytää ajoasento, jossa ranteet eivät puutuisi. Säätöjä ja vääntöjä tehtiin ja testattiin. Lopulta asento tuntui hyvältä, mutta testiajolla käsiä pisteli ja ne puutuivat tunnottomiksi kolmen kilometrin ajon jälkeen. Ei vaikuttanut kovin lupaavalta 840 kilometrin reissua ajatellen. Uudelleen siis säätöjä fiilailemaan. Lopulta löytyi asento, jossa pystyi ajamaan useammankin kilometrin puutumatta.

Pyörälaukkuja löytyi kotoamme sekalainen valikoima: Yksi hyvä Haltin laukku, jonka olen joskus ostanut Timolle lahjaksi. Yksi iso Lidlin laukku, joka oli edullinen ja siksi Timolle mieluinen. Yksi Timon 70-luvulla ostama kaksipuoleinen laukku, joka on 35 vuodessa vähän rähjääntynyt ja haprastunut ja jonka pitkänmatkankestokyky siksi vähän epäilytti. Ja yksi 70-luvun ostolaukun mallin mukaan itse osittain kierrätysmateriaalista väkerretty upean oranssi kaksipuoleinen laukku, joka olisi retro ja siten trendikäs, mutta kestäisikö sekään enää? Lisäksi löytyi pari vuoden 1981 reissulle hankkimaamme pientä ohjaustankoon kiinnitettävää etulaukkua ja uusi työkalulaukku.

15

Tuijottelimme laukkuvalikoimaa ja totesimme, että tyylikisaan tuolla varustuksella ei kannattaisi lähteä. Koska laukun kestäminen on olennaista, päätimme hankkia toiseen pyörään uuden laukkusarjan, jossa olisi kaksi sivulaukkua ja reppu tarakalle. Toiseen pyörään päädyimme ottamaan Haltin ja Lidlin laukut ja tarakalle piknik-repun. Päätimme pitää tavaramäärän sellaisena, että uusia etulaukkuja ei tarvita. Minä ajattelin kuitenkin ottaa vanhan etulaukkuni, jotta saan siihen puhelimen, avaimet ja lompakon nopeasti ja helposti esiin otettavaksi.

Toukokuun alkupäivinä kiertelimme Kemin ja Keminmaan kauppoja pyörälaukkuja metsästäen. Torniosta ja naapurivaltakunnan Haaparannaltakin etsimme. Tänä vuonna pyörälaukut tuntuivat olevan tiukassa. Mistään ei löytynyt kolmen takalaukun settiä. Yhdessä liikkeessä laukut luvattiin tilata. Olimme toukokuun alussa ensimmäisen kerran laukkuja kyselemässä, joten meillä ei ollut kiirettä, pari kuukautta sentään aikaa lähtöön. Timo kävi alkukesän aikana muutaman kerran tiedustelemassa,

16

josko laukut olisivat tulleet. Lopulta myyjä livahti takahuoneeseen aina Timon nähdessään, joten luovutimme. Vähän harmitti, sillä olisimme mielellään kannattaneet paikallista kauppaa.

Tilasimme siis laukut netistä samalla kun pyöräily-sortsitkin. En kestänyt ajatusta myyjän ilmeestä, jos menisin ostamaan sortseja kaupasta. Ajatus kirkas-valoisesta sovituskopista, pyöräilysortseista ja kalkkunankalpeasta minusta hirvittää itseänikin. Mieleeni tuli vuosien takainen uimapuvun sovitus urheilu-liikkeen keskellä huojuvassa sovituskopissa. Tyttä-remme oli alle kouluikäinen ja halusi mukaani koppiin. Kun ähisin talvivaatteiden ja uimapuvun kanssa kopin seiniä huojuttaen, tyttäreni aprikoi kirkkaalla ja kuuluvalla äänellä, että mitä jos tämä koppi kaatuu. Ei se silloin kaatunut, mutta pelko jäi itämään ja halusin ehdottomasti tilata sortsit netistä.

Piukat sortsit persauspehmusteineen minulla jalassa - naurettavaa se on, mutta sortsit ovat välttämättömyys, jos vaikka helle yllättää. Ja sen verran olemme

17

pyöräilleet, että tiedämme persauspehmusteiden olevan välttämättömät pitkillä matkoilla. Shoppailuvauhtiin päästyämme tilasimme samalla myös pyöräilykengät ja niihin kiinnitettävät klossit. Yritin kyseenalaistaa klossien tilausta, sillä mistään ei käynyt ilmi, sopivatko tilatut kengät ja klossit toisiinsa. Timon mielestä sopivat ilman muuta, koska niitä myytiin samalla sivustolla. Minua se tieto ei riittänyt vakuuttamaan. Tilauksen teko jäi luonnollisesti viime tippaan, joten täytyi vaan toivoa, että kiinalaisen lupaukset toimitusajoista pitäisivät.

Päätimme ottaa mukaan makuupussit, sillä yöpyisimme todennäköisesti myös leirintäalueiden mökeissä, joissa niitä tarvittaisiin. Makuupusseja löytyi kotoa vaikka kuinka monta, mutta ne eivät olleet kovin ihanteellisia pyörämatkatavaroiksi. Lapsuudenkodeistamme perityt 1970-luvun makuupussit ovat kyllä mukavia, mutta ne ovat noin metrin levyisiä rullia. Ne lähtisivät luultavasti ensimmäisen ohittavan rekan mukaan. Vaikka ne eivät paina paljon, tuntuisi vähän hölmöltä, jos puolet matkatavaroiden tilavuudesta

18

muodostuisi makuupusseista, joita tarvitsemme ehkä kerran tai kahdesti tai emme ollenkaan. Päädyimme siis ostamaan uudet pienet makuupussit. Ehkä ostimme vähän liian pienet, sillä Timolla teki tiukkaa pituus ja minulla leveys. Mökkiyöpymisiin välttänevät.

Jo ennen kuin olin ääneen ehdottanut reissua Timolle, mietiskelin omaa kuntoani. Jaksaisinko ajaa sata kilometriä päivässä? Monena päivänä peräkkäin? Olen "aina" ajanut pyörällä ympäri vuoden työmatkoja ja muita arkiajoja, joten oletin peruspyöräilykuntoni olevan kohtuullisen. Toisaalta olen huomannut, että sitä helposti luulee olevansa kovemmassa kunnossa kuin on. Pyöräilin työmatkat ja luulin kiitäväni nopeasti, kunnes amikset alkoivat sujahdella ohitseni kädet taskussa ja sätkä hampaissa rämisevillä pyörillä, joiden renkaissa ei ollut ilmaa. Masentavinta oli pyöräillä kovassa lumisateessa, kun nuori mies ohitti minut juoksemalla.

Timo ei ollut tällaisia itsetunnon iskuja kokenut ja motkotti usein, että nykynuoriso on rapakuntoista.

19

Eivät harrasta liikuntaa, istuvat vaan kaiket päivät sisällä tuijottamassa lasiruutua.

Vuokrasimme muutaman vuoden takaisella Kyproksen matkallamme pyörät ja ajelimme päivän ympäri saarta. Loppumatkalle osui pitkä ja korkea ylämäki, jonka alla kilpailuhenkiset mieheni ja veljeni kiinnittivät tyypilliseen tapaansa henkiset numerolaput rintaansa ja spurttasivat selät kyyryssä, kielet kettinkejä viistäen runnomaan kilpaa mäkeä ylös. Teini-ikäinen poikamme polkaisi mustassa hupparissaan ja farkuissaan selkä suorana ja heviletti liehuen heittämällä molempien ohi ja odotteli urheilusortsisia kilpapyöräilijöitä mäen päällä. Eikä ollut edes hengästynyt. Nuorison kunnosta ei perheessämme sen jälkeen paasattu.

Muutama vuosi sitten pyöräilimme Timon kanssa Raahesta parissa päivässä vähän mutkitellen Kemiin. Kilometrejä kertyi kaksisataa. Raskasta se oli, emme olleet valmistautuneet mitenkään ja minun pyöräni vaihteet eivät toimineet kunnolla. Mutta reissu oli mukava ja jaksoimme sentään, joten kipinä jäi kytemään.

20

Jäätyäni talvella työttömäksi innostuin hiihtämään päivittäin, minkä johdosta uskoin peruskuntoni olevan aika hyvän. Painoa on kyllä reilusti liikaa, hiihtäminenkin kai vaan lihottaa? Vaikken läheskään jokaisella hiihtolenkillä edes paista makkaraa laavulla! Jalat varmasti jaksavat pyöräillä, mutta alkaako ylipaino rassata, kun ajaa monta päivää peräkkäin? Ja ennen kaikkea, kestääkö takamus? Myös odottamattomia rasitusvammoja saattaisi tietysti tulla.

Ja entäs Timon kunto, kestäisikö se? Vanha sulkapalloilija jaksaa kyllä ajaa nopeasti, mutta kuinka pitkästi? Rasitusvammoja hänelle tulee yleensä herkemmin kuin minulle. Hänellä ei ole ylipaino-ongelmaa, mutta takamuksen kestävyys on tietysti samanlainen kysymysmerkki kuin minullakin.

Hiihtokauden päätyttyä treenailin kävelemällä ja pyöräilemällä. Kääpiövillakoira Rasmus oli meillä hoitokoirana kolmisen viikkoa kesän alussa. Rasmuksen kanssa teimme useita vauhdikkaita kävelylenkkejä päivässä. Tai ei ne kaikki lenkit niin vauhdikkaita

21

olleet. Omakotitaloalueilla lenkkeillessä Rasmuksella oli erityisen paljon tinder-viestejä haisteltavana ja minä sain samoilla pysähdyksillä tarkkailla aurinkolasieni takaa ihmisten kesäpihoja. Se oli mukavaa ja mielenkiintoista. Ilman koiraa ei oikein kehtaa pysähdellä tuijottamaan. Ystävän kikka pysähtyä solmimaan kengännauhoja ja syrjäsilmällä tarkkailemaan aina kun näkee jotain kiinnostavaa alkaa pidemmän päälle herättää huomiota pikkukaupungissa.

Välillä Rasmus olisi halunnut mennä todella lujaa ja juoksi edellä korvat hulmuten näyttäen tuulen riepottamalta karvareuhkalta. Jotta olisin päässyt samaan vauhtiin, olisin joutunut juoksemaan. Mutta juoksuaskelia ottaessani tuntuu, että maa tärähtelee ja maapallo nyrjähtää radaltaan. En mielelläni juokse.

Kevään aikana ja alkukesästä pyöräilimme joitakin pidempiä harjoituslenkkejä – kävimme Torniossa mökillä, kiertelimme Kemin lisäksi Kaakamossa, Simossa ja Keminmaassa. Tiedotimme samalla kaikille oudommillekin, että treenailemme Helsinkiin pyöräilyä varten. Lähialueelta löytyi kivoja reittejä: kapea patosilta, jota ylittäessä ohjaustangot melkein kolisivat sillankaiteisiin, paljon kauniita rantamaisemia ja idyllisiä kylänraitteja.

Erityisen mieleen painuva oli juhannuspäivän jälkeisen aamuyön parinkymmenen kilometrin pyöräily Simoniemestä kotiin aurinkoisessa mutta kylmässä, noin nolla-asteisessa säässä. Meri oli peilityyni ja usva nousi saarien välistä, oli todella kaunista. Varpaat ja sormet kohmeessa pysähdyimme ihailemaan maisemaa. Ajelin kaikki lenkit Tunturilla ja se alkoi pikku hiljaa tuntua omalta pyörältä ja siten oikealta valinnalta reissulle.

Pyörävaihtoehtoja aprikoidessamme aloimme sivujuonteena miettiä, vieläkö Tunturit valmistetaan Suomessa. Tulimme siihen tulokseen, että ei enää. Voitin joitakin vuosia sitten Helkaman Jopon IBM:n arvonnasta ja sen esitteessä sen sijaan luki, että ne valmistetaan taas nykyään Suomessa. Esitteessä kerrottiin Helkaman historiasta: "Helkama aloitti pyörien valmistamisen Hangossa vuonna..." . Lapsemme lukivat esitteen: "Helkama aloitti pyörien valmistamisen vahingossa vuonna...". Että Helkaman piti alkaa valmistaa jääkaappipakastimia, mutta oho, tulikin polkupyörä?

Kun päätimme toteuttaa matkan, mietimme aluksi, kerrommeko suunnitelmasta kenellekään vai kaikille. Kerroimme kaikille. Ajattelimme sen tsemppaavan itseämmekin niin, ettemme voi perua reissua ainakaan ihan vähäpätöisestä syystä. Vaikka siksi, ettei vaan huvitakaan.

Kertoessamme matkasuunnitelmastamme lähes kaikki epäilivät nimenomaan minun jaksamistani. Ainoastaan veljeni vakuutti, ettei epäile yhtään, ettenkö jaksaisi polkea, jos vaan perse kestää. Ihmiset kysyivät, olimmeko treenanneet. Ja tarkentaen, onko Eijakin tosiaan treenannut. Minä en valitettavasti näytä erityisen treenatulta. Timo kyllä kivasti vastaili, että enemmän Eija on treenannut ja jos matkalla jompikumpi sippaa tai saa rasitusvamman, se on todennäköisemmin Timo.

24

Aivan lämmitti vanhan vaimon mieltä, että luotto on noin kova. Tosin kyse saattoi olla minun höynäämisestäni, mutta itsetuntoni kuitenkin kasvoi. Ja toisaalta paineetkin, vaikka yksi periaatteistamme oli, että emme ota paineita. Jos matka äityy epämiellyttäväksi, se voidaan keskeyttää. Osa sanoi meitä hulluiksi. Osan ilmeestä näki heti ajatuksen, että ei tule onnistumaan. Osa häkeltyi ja vaihtoi nopeasti ja vaivaantuneesti puheenaihetta. Joku kysyi, että miksi ihmeessä.

Äitinikin kertoi kaikille, että meillä on tarkoitus hurhauttaa pyörällä Helsinkiin. "Hurhauttaa" tuntui sentään liioittelulta. Joku oli hauskasti todennut, että ei pyöräilemällä kyllä säästä mitään. Se on totta. Emme valinneet pyörää sen takia kulkuneuvoksi. Joku toinen oli todennut, että siinähän täytyy yöpyäkin välillä. Sekin on totta. Kahdeksankymppinen sukulaismies sanoi vieläkin harmittelevansa, ettei aikanaan lähtenyt vastaavalle matkalle, kun oli jonkun porukan mukaan pyydetty. Jopa hän olisi joutunut yöpymään välillä, vaikka on todella kovakuntoinen. Hän arveli, että olisi ajanut matkan 3-4 päivässä, mitä emme epäile yhtään.

Mietin etukäteen, miten dokumentoisin reissua. Kirjoittaminen on mukavaa, mutta olisi pakko kirjoittaa joka ilta, kun asiat vielä ovat muistissa. Ja kun olisi pakko kirjoittaa, se alkaisi kyllästyttää. Iltaisin saatan olla aika väsynyt. Ystävämme kertoivat pitäneensä pyöräreissullaan videopäiväkirjaa. Niinpä tietenkin, miten ei käynyt mielessä! He lähettivät linkin omiin päiväkirjoihinsa, jotka katsoimme läpi. Hyvä idea, tietenkin mekin teemme noin! Hävettää tunnustaa, mutta olin miettinyt, että sanelisin aina päivän tapahtumat puhelimeen... Sanelen! Hyvä, etten alkanut harjoitella pikakirjoitusmerkkejä! Joskus sitä ajattelee asioita liian vaikeasti.

Kesän lähestyessä aloimme miettiä reissun ajankohtaa. Minun työttömyyteni todennäköisesti jatkuisi, joten sen puolesta olisi aivan sama, koska lähtisimme. Timon työtilanne näytti siltä, että ainakin juhannukseen asti olisi kiireistä ja todennäköisin loma-ajankohta olisi heinäkuu. Helsingissä asuvat lapsemme ovat kesätöissä, joten he olisivat paikalla heinäkuussa. Päätimme siis lähteä lauantaina 28. kesäkuuta.

Alustavan reittisuunnitelman pituus oli noin 840 km, siihen kuluisi minimissään yhdeksän päivää, joten olisimme Helsingissä aikaisintaan sunnuntaina 6. heinäkuuta. Se olisi sopiva ajankohta, sillä esikoisemme tulisi keikkareissultaan Saksasta 7. heinäkuuta samoin kuin ystävämme Keski-Euroopan autolomaltaan, joten tapaisimme myös heidät. Helsingissä ilahduttaisimme tytärtämme majoittumalla hänen yksiöönsä noin viikoksi.

Kun lähtöpäivä oli päätetty, saimme kutsun kaverimme 50-vuotisjuhliin, jotka olisivat juuri suunniteltuna lähtöpäivänämme. On niin mukavaa, kun joku kutsuu juhlimaan, että muutimme suunnitelmaa ja päätimme, että starttaammekin vasta maanantaina 30. kesäkuuta.

Pikku hiljaa aloimme miettiä mukaan otettavia vaatteita ja muita varusteita, joiden määrän pitää olla hyvin rajallinen. Aloitin tekemällä listan kaikista mahdollisesti tarvittavista asioista. Lähdön lähestyessä aloimme seurailla sääennusteita, jotka eivät juurikaan helpottaneet pakkaamista – kaikenlaista säätä näyttäisi

27

olevan tulossa, kuten Suomen kesään kuuluu. Alku-matkalla olisi hyvinkin viileää, sadettakin olisi lupeissa ja loppureissusta ehkä hellettä. Eli monen-laisia vaatteita pitäisi olla mukana.

Onneksi sentään pääsimme yksimielisyyteen siitä, että telttaöihin ei tarvitse varautua. Pyöräillessä tarvit-semme vain urheilukamppeita, ne on helppo valita. Iltoja varten pitää olla siistimpi ja hajuttomampi vaa-tekerta, jolla voisimme näyttäytyä ruokapaikoissa. Perillä Helsingissä olisimme viikon, sille ajalle pitää olla ihmistenilmoillavaatteita. Piukkoihin pyöräily-asuihin pukeutuneina emme saisi ainakaan lapsistam-me seuraa stadissa. Tuskin muistakaan.

Timo on minimalisti, hänelle pakkaaminen on help-poa. Housuista mukaan tulivat uimahousut, sortsit ja hiihtohousut. Niillä mies pärjää. Jos muita tarvitsee, aina voi kuulemma käydä ostamassa uudet. Siis Timo shoppailemaan lomalla? Täysin kuolleena syntynyt ajatus, mutta päätin olla puuttumatta tällä kertaa.

Minun pakkailuni oli huomattavasti vaikeampaa. Minusta kun olisi hyvä varautua kaikenlaisiin olosuhteisiin ja tilanteisiin. Ihan hyvin heinäkuussa voi sataa räntää. Ensimmäinen vaatehuoneesta lappamani kasa matkalla mahdollisesti tarvittavia vaatteita ei olisi mahtunut edes valtavaan Ooppeliimme. Kasa piti karsia neljään kertaan ennen kuin alkoi yhtään näyttää siltä, että se saattaisi mahtua pyörälaukkuihini. Kaikkiin tilanteisiin varautuneen muumimamma-käsilaukkuni sisältökin piti karsia puoleen, jotta laukku mahtuisi mukaan.

Kiinan kauppias oli onneksi täsmällinen ja pyöräily-varustetilauksemme toimitettiin meille kotiin maanantaina 23.6. Jännittyneinä avasimme paketin – jos jotain puuttuisi, pitäisi lähteä vielä kaupoista etsimään. Ystävämme lupasivat sentään lainata ne vaikeasti löydettävät laukut, jos niitä tarvitsisimme. Kaikki tilatut tavarat kuitenkin tulivat. Laukkusetti oli vähän pettymys, se oli pienempi kuin kuvittelimme eikä siinä ollut erillistä sadesuojaa, kuten olimme ymmärtäneet. Laukkujen piti itsessään olla sateenkestävät, mitä epäilimme kuitenkin vahvasti. Muistin, että minulla on tietenkin tallessa lastenvaunujen ja -rattaiden sadesuojat 90-luvulta (säästän kaiken, joskus voi tarvita). Kaivoin kellarin kätköistä suojat esiin ja varsinkin vaunujen sadesuoja oli kuin pyörälaukkuja varten tehty. Vetoketjukin sopivasti päällä, joten koko suojaa ei tarvinnut ottaa pois, kun esim. tarakkarepusta haki jotain.

Kenkiin piti käydä ostamassa uudet sopivat klossit, tilatut klossit ja kengät eivät olleet yhteensopivat. Pääsin sanomaan Timolle, että mitä minä sanoin, mikä aina virkistää vaimoihmistä. Timo ei ollut uskonut myöskään nettikeskustelun vinkkiä, että ko. liikkeestä kannattaa tilata normaalisti käyttämäänsä numeroa isommat kengät, joten hänen kenkänsä olivat vähän liian tiukat. Ohuiden sukkien kanssa ne kuitenkin tuntuivat menettelevän.

Sovitimme vaatteita, kun olimme ensin lukinneet ovet ja sulkeneet huolellisesti sälekaihtimet. Nauroimme avoimesti toistemme habituksille. Sortsit olivat

30

muuten sopivat, mutta ne oli tehty kukkakeppi-jalkaisille, joten lahkeet puristivat jopa Timon reisiä. Minä näytin mustalta Michelin-akalta. Ne jalassa ei voisi missään nimessä pysähtyä ihmisten ilmoilla. Aina pitää ennen näyttäytymistä muistaa pukea sortsien päälle hame tai jotain, muuten ei olisi kenelläkään mukavaa.

Timo olisi halunnut ottaa minusta jämerän kuvan, jonka liimaisi ennen lähtöämme portin pieleen tekstityksellä "Täällä vartioin minä". En suostunut kuvattavaksi. Rapsautin saksilla omista sortseistani lahkeen kuminauhan poikki, jolloin veri pääsi vähän kiertämään ja sortseja saattoi sentään pitää jalassa. Pyöräilyalushousut olivat hyvät - kauhean näköiset tietysti nekin.

Kun loputkin tarpeelliset vermeet oli kaupasta täydennetty, petti Timon hermo. Säätiedotukset näyttivät kuulemma sellaisilta, että kannattaisi lähteä jo perjantaina eikä odottaa maanantaita. Ja muutenkaan ei enää malttaisi odottaa. Kieltämättä minullakin jo poltteli

31

lähteä, mutta harmittaisi jättää juhlat väliin. Timo sai pari päivää ylityövapaata, joten hän voisi aloittaa lomansa jo torstaina ja se ratkaisi asian. Harmitellen peruutimme juhliin osallistumisemme ja aloimme valmistautua perjantai-aamun starttiin. Jännitti.

Matkan ajaksi tarvitsimme talovahdin ja kukkien kastelijan. Onneksi naapurustossa asuu hyviä ystäviä, jotka auttavat. Eila lupautui pehtooriksi ja Jaana varapehtooriksi. Keskeytin postinjakelut pariksi viikoksi ja vein päivittäin kastelua kaipaavan amppelitomaatin äidilleni hoitoon.

Torstaina Timo lähti puolelta päivin töistä ja kuulutteli vielä kaupungilla lähdöstämme. Jos vaikka Kemissä oli vielä joku, joka ei ollut reissustamme kuullut. Megafonilla olisi saavuttanut laajemman yleisön. Illalla pakkasimme tavarat laukkuihin, minä sain isommat laukut. Tein vielä viime hetken pakolliset kamakarsinnat ja sain kuin sainkin kaiken haluamani mahtumaan mukaan. Lähimmälle naapurillemme Nepelle piti vielä ilmoittaa lähdöstämme.

32

– *Lähetän Nepelle viestin, että lähetään nyt
pyöräileen Helsinkiin ja ollaan pari viikkoa
pois.*

– *Se on varmaan ainuita ihmisiä Kemissä, joka
ei oo vielä kuullu meän reissusta!*

– *Se vastas vaan, että ok?? Ei ehkä uskonu.
Kohta siltä tullee taas viesti, että hän on just
kans uimasa kohti Luulajaa...*

Ei meinaa uni tulla, sen verran lähtö jännittää.

Päivä 1 - perjantai 27.6.2014
Kemi, koti

Kello soi kahdeksalta. Timo kääntää kylkeä ja minullakin olisi vielä nukuttanut, mutta tänään on se päivä! Aurinko paistaa, joten lupaavalta näyttää. Nousen keittämään kahvit. Haen lehden ja haistelen samalla ilmaa, aika viileää on, joten tuulipuku lienee päivän asuni. Timo pukeutunee hiihtohousuihin. Pitäisi vaan saada Timo hereille. Meidän lähtömme eivät ole koskaan räjähtäviä, Timoa ei meinaa saada nousemaan ja aamukahvinjuontinsa lehden ääressä on hidasta ja harrasta. Minulle taas tulee mieleen kaikenlaisia starttia hidastavia pakkotehdäennenlähtöäjuttuja.

Keitän kaurapuuroa ja saan potkittua Timon ylös. Syömme rauhassa kotoa kaiken, minkä löydämme ja kohtuudella jaksamme. Loput ruuat, joita ei voi pakastaa ja jotka menisivät matkan aikana kotona pilalle, pakkaan evääksi. Evääksi sattuu siten tulemaan kreikkalaista jogurttia, vaniljakastiketta, marjoja, suolakurkkua, keräkaali, voileipiä, banaaneja, omenoita, viinimarjamehua sekä kaapin kätköistä löytyneitä ananassäilykkeitä, kuivahkoja rusinoita ja sekalaisia pähkinäpussukoita. Timo pakkaa mukaan lisäksi urheilujuomaa, joka jää minulta juomatta – maku on kauhea ja keinotekoinen ja alkaa lopulta oksettaa eikä siten vastaa tarkoitustaan eli auta jaksamaan. Pitäydyn mieluummin vedessä ja mehussa.

Tiskaan ja siivoilen aamusotkut sillä aikaa kun Timo asettelee laukkuja pyöriin. Ensin laukut kuitenkin punnitaan, jotta ne olisivat suunnilleen tasapainossa. Minun laukkuni painavat niin paljon (17 kg), että Timo epäilee minun pakanneen kiviä mukaan. Timon laukut kun painavat vain 14 kiloa.

– *No en kai mää nyt kiviä, miks mää kiviä pakkaisin? Naisten kuula sielä kyllä on. Kiva iltasin hotellin pihalla vähän työnnellä*

35

kuulaa, saa ylävartaloki liikuntaa. Ja eväänä
on kevyt keräkaali..

— *Pitäskö tehä niin, että mää otan sun laukut ja*
sää otat nuo mun laukut, jotka on keviämmät?

— *Hyvä idea! Sitten on pakko pysyä yhesä reis-*
sun aikana, ku omat kamat on toisela. Vaikka
tullee sanomista, ei voi karata.

Timo käy kotikadun päässä testaamassa laukkujen ta-
sapainoa. Palattuaan hän vähän nolona tunnustaa kaa-
tuneensa. Ensimmäinen kerta. Ei ollut muistanut irrot-
taa lukkopolkimia pysähtyessään. Pääasia tietenkin
on, että kukaan ei nähnyt eikä vammoja syntynyt. Mi-
nä arastelen poljinlukkoja entistä enemmän — en ehkä
uskalla kiinnittää kuin korkeintaan toisen jalan polki-
meen, jos sen vaikka ehtisi irrottaa, kun meinaa kaa-
tua. Timo rohkeana miehenä kehottaa kiinnittämään
molemmat polkimet heti, sillä lukkojen asentoja pitää
alkumatkasta säätää. Ehkä uskallan kiinnittää sitten,
kun olemme pyörätiellä, jossa ei ole risteyksiä.

Kello on 11 ja tarkistan kolmannen kerran, että ulko-ovi on lukossa ja sitten lähdetään! Naapurikortteliin ajettuamme Timo pysähtyy ensimmäiselle huolto-tauolle. Matka- ja nopeusmittari ei toimi. Eihän se aja-mista haittaa, mutta mukavaa olisi, että se toimisi. Voi seurata, miten homma etenee. Nyt homma on edennyt noin 200 metriä, ei ole enää pitkästi Helsinkiin. Olemme kuin Kummelien sketsistä "Unelmista totta".

Meri-Lapissa on niin tasainen maasto, että jo ensimmäinen loiva ja lyhyt nousu moottoritien yli johtavalle sillalle tuntuu raskaalta. Mitenkähän sitä jaksaa ajaa sata kilometriä joka päivä, kun puolen kilometrin ajon jälkeen jo väsyttää? Uskaltaudun kiinnittämään lukkopolkimet. Ikinä aiemmin en ole moisia kokeillut, eikä ole ehkä kovin järkevää tehdä ensimmäistä kokeilua juuri nyt. Täytyy ajaa aluksi vain lyhyitä matkoja kerrallaan lukot kiinni. Tässä rasittunevat eri lihakset kuin ilman lukkoja ajaessa. Kieltämättä ajaminen tehostuu, heti pitää vaihtaa isompi vaihde. Voima jyllää ja vaikuttaa myös jalan noustessa ylöspäin.

37

Polkimeni kaipaavat tosiaan säätöä, sillä nyt tuntuu kuin ajaisi kapea hame päällä – polvet menevät yhteen. Yritän väittää, että voin jonkin matkaa ajaa näinkin, sillä tuntuu hölmöltä pysähtyä taas vain muutaman kilometrin ajettuamme. Timo ei kuitenkaan anna periksi ja haluaa pysähtyä Ruonaojan sillalle poljinsysteemejäni säätelemään. Suosittelen suorittamaan huoltotoimet kiinteällä maalla, ei rakoisella puusillalla, josta aivan varmasti joku kapine putoaa ojaan. Mutta uskooko Timo minua? Ei tietenkään. Säätö on tehtävä nimenomaan sillalla niin, että minä istun kaiteella jalka ojossa ja Timo räplää kengänpohjaani. Ja mitäpä tapahtuu? Kuusiokoloavain lipsahtaa kädestään ja molskahtaa kirousten saattelemana virtaan. Pääsin taas sanomaan voitonriemuisen "mitä minä sanoin". Onneksi ei ollut ainoa avain. Ja säätökin oli jo tällä erää tehty.

Siinä tuhertaessamme ohitsemme ajaa yksinäinen pitkänmatkanpyöräilijä, nuori mies. Ihmettelemme, miksi hän ajaa autotietä, vaikka hyvä pyörätie kulkee tien vieressä. Pyöräilijä tervehtii meitä ja päätte-

38

lemme, että meidän heimollamme on siis sama tapa kuin karavaanareilla ja motoristeilla – kollegoita moikataan. Ilahdumme tästä.

Matka jatkuu ja tällä kertaa pääsemme kunnolla vauhtiin. Tuuli on myötäinen, ajaessa sitä ei muuten huomaa kuin että huomaa, ettei ole vastatuuli. Ja luulee olevansa kovassa kunnossa, kun pyöräily tuntuu niin helpolta. Vasta suunnilleen myrskylukemissa olevan tuulen huomaa kunnolla myötäiseksi.

Viantielle käännyttäessä Timo alkaa suunnitella ensimmäistä haukkaustaukoa. Minä en vielä kaipaisi, olemme ajaneet vasta viitisentoista kilometriä. Pysähdymme kuitenkin, kun Timon entinen työkaveri kävelee vastaan ja pääsemme uudelle kuulijalle kertomaan, minne olemme matkalla. Tauko tekee kieltämättä hyvää, vaikkei väsyttänytkään. Takapuoli saa levähtää, samoin kuin ranteet ja jalkaterät – pyöräilykengät ovat niin jäykät, että varpaat eivät oikein liiku niiden sisällä, joten jalkaterät vähän puutuvat. Vai johtuuko puutuminen liian pienistä kengistä? Vaikka omat

39

kenkäni tuntuvat juuri sopivilta, pitäisikö niiden kuitenkin olla vähän isommat? Pienen tauon jälkeen matka jatkuu taas kepeästi.

Viantien ja Simon keskustan välinen pyörätie on hulppea ja hyväasfalttinen. Jos kaikki pyörätiet olisivat tällaisia, voisimme ajaa vaikka minne asti. Simossa meitä vastaan pyöräilee näkötuttu pariskunta, kovakuntoinen herra on reilusti yli 90-vuotias, sittemmin Veteraanin iltahuuto -laulajana valtakunnallisestikin tunnettu. Jos me teemme pitkiä pyöräretkiä nykyiseen tahtiin, seuraavalla reissulla olisimme 85- ja 89-vuotiaat. Pariskunnan kohdattuamme toteamme, että voisihan se onnistua. Ehkä meidän kuitenkin kannattaa reissailla vähän tiuhemmin.

Simojoen sillankorvaan pysähdymme evästelemään ensimmäisen kerran. Juomme mehua ja syömme banaania, suolakurkkua ja rusinoita. Mukaan otettu muovipohjainen piknik-peitto osoittautuu erinomaiseksi varusteeksi. Kun sen levittää pientareelle, voi reilusti istua ja riisua kengät, jotta pääsee liikutte-

40

lemaan varpaita. Ja saattaa oikaista vaikka pitkälleen lepuuttamaan selkää ja takamusta.

Vanhana simolaisena vähän nolottaa syödä eväitä jo Simossa, vaikka matkaa onkin poljettu kolmisenkymmentä kilometriä ja tauko tulee hyvinkin tarpeeseen. Simon Kirin ikiaikainen pesäpallo-otteluiden takalaitonvahti ilmaantuu kyselemään reittisuunnitelmastamme ja toivottaa lopuksi meille hyvää matkaa.

Siinä syödessämme sama pitkänmatkanpyöräilijä, joka ohitti meidät säätäessämme lukkopolkimia Kemissä, ohittaa meidät taas tervehtien. Missähän me olimme menneet hänen ohitseen? Emme ole huomanneet ohittaneemme. Pakkaamme kamat kasaan ja lähdemme jatkamaan matkaa. Saavutamme pikku hiljaa pitkänmatkanpyöräilijää. Mietimme, kehtaammeko ohittaa vai jäämmekö peesiin. Vauhtimme on kuitenkin sen verran kovempi, että on luonnollista ohittaa. Kaveri ei vaikuta suomalaiselta. Jos hänkin on matkalla Helsinkiin, ohittelemme sitten varmaan toisiamme usein seuraavien päivien aikana.

41

Simossa loppuvat pyörätiet, Kuivaniemessä on pikku pätkä ja sitä seuraava pyörätie on vasta Iin jälkeen. Liikenne on erittäin vilkas, autoja menee molempiin suuntiin jatkuvina jonoina ja näemme aivan päättömiä ohituksia. Pelottavaa pyöräillä täällä hurjien seassa. Teemme sitten itsekin hurjan ohituksen ja polkaisemme kollegan edelle. Kaveri kysyy, minne olemme menossa ja kertoo itse olevansa menossa Turkuun. Englantia puhuu, joten jostain kauempaa oli tulossa.

Kun lähestymme Kuivaniemeä, vilkaisen taakseni ja huomaan, että kaveri on jäänyt peesiin. Onneksi en pieraissut kertaakaan. Ja kielimuuri olisi pelastanut, jos olisin tehnyt saman mokan kuin eräs vanhempi tuttu rouva, joka oli pyöräillyt miehensä edellä uudella pyörällään ja sanonut kovaan ääneen, että nyt on kyllä perse niin kipeänä, ettei pysty kahteen viikkoon naimaan. Rouvan takana olikin outo mies, joka oli juuri ohittamassa pariskuntaa. Outo mies oli vastannut: "Vai niin" ja jatkanut matkaa.

Kuivaniemen parin kilometrin mittaisella pyörätien pätkällä voimme jutella enemmän pyöräilijäkollegan kanssa. Kaveri on saksalainen ja oli lähtenyt neljä viikkoa sitten eli touko-kesäkuun vaihteessa Münchenistä, josta oli ajanut Ruotsin läpi Nordkappiin, josta tullut Karesuvannon kautta Suomeen.

Kaveri sanoo, että hänen mielestään ajovauhtimme on hieman liian kova. Me olemme ajaneet reilut 20 km/h, saksalainen sanoo, että hänen matkavauhtinsa on keskimäärin 17-18 km/h. Vähänkin liian kova vauhti kostautuu helposti loppupäivästä ja viimeistään muutaman päivän jälkeen. Uskomme tämän, sillä olemme huomanneet aiemminkin pidemmillä lenkeillä, että kannattaa tosiaan ajaa vähän hitaampaa kuin tuntuisi jaksavan. Sitä vaan hyvin helposti lähtee ajamaan niin, että muutaman kilometrin päästä on veren maku suussa ja naama maksan värinen - varsinkin kun ajamme kahdestaan, sillä kilpailuhenki iskee silloin hyvin äkkiä molempiin.

Päätämme pysähtyä tauolle Merihelmen hiekkarannan pitkospuille hienoon merimaisemaan. Saksan poika tulee kanssamme. Kuulustelen kaveria, joka kiltisti vastailee ja kertoilee pyöräilystään. Hänenkin mielestään Simo-Ii -väli on vähän pelottava pyöräillä, ehkä jopa tähänastisen reissunsa pelottavin. Liikenne on kova molempiin suuntiin ja tie niin kapea, että autot eivät pysty koukkaamaan kauempaa pyöräilijää ohittaessaan, vaan menevät joskus niin läheltä, että laukut tai korvat meinaavat lähteä mukaan.

Toisaalta Saksan pojan mielestä Suomessa on pääsääntöisesti parempi pyöräillä kuin Ruotsissa. Ja Suomessa on valittavana enemmän tievaihtoehtoja, kun maata etenee pitkittäin. Huomaamme itsekin, että niin muuten tosiaan on - ainakin Oulusta etelään päin. Arvelemme sen johtuvan siitä, että suomalaiset ovat aina olleet niin jääräpäisiä, että jokainen joka suinkin on pystynyt, on halunnut tehdä oman tiensä.

Tutkailemme saksalaisen varustusta, selvästi hänkään ei ole varustautunut näyttäytymistä varten. Hänellä on

44

vanhanaikaiset remmilliset "lukkopolkimet" ilman kantapääremmejä. Hän sanoo pitävänsä niistä, sillä silloin voi ajaa normaaleilla kengillä ja kengät saa helposti irti polkimista. Normaaleilla kengillä on mukavampi kävellä tauoilla varsinkin sisätiloissa. Kypärää hänellä ei ole, vain pipo. Hänen mielestään kypärä on hankala. Hän on ilmeisesti kuullut Norjan armeijan testistä, jossa kypärän ja pipon kestävyyttä vertailtiin pudottamalla ne lentokoneesta. Olemme eri mieltä saksalaisen ja norjalaistestaajien kanssa ja pidämme kypärämme. Hänen pyöränsä näyttää suunnilleen meidän pyöriämme vastaavalta.

Saksalaisella on mukanaan teltta ja hän kertoo ajavansa päivässä niin pitkästi kuin jaksaa ja huvittaa eli yleensä 100-120 kilometriä, jonka jälkeen hän pystyttää teltan tien viereen ja yöpyy siinä. Pitkällä matkalla telttayöpymisillä säästää tietenkin paljon rahaa. Ja päivässä voi ajaa täsmälleen haluamansa matkan, kun ei tarvitse tähdätä tiettyihin maja-paikkoihin. Etenkin Lapissa, jossa välimatkat ovat pitkiä, teltta on välttämätön.

Alkukesä oli todella kylmä ja saksalainen oli joutunut pyöräilemään ja telttailemaan jopa lumisateessa. Pohjoisen kesän valoisuus kuitenkin viehättää häntä, valon puolesta saattaa pyöräillä vuorokauden ympäri, jos siltä tuntuu. Lisäksi hän oli huvittunut pohjoisen asukkien kesäillanviettotavoista - ihmiset saattavat vaikka leikata nurmikkoa kymmeneltä illalla eikä kukaan ihmettele. Paitsi ulkomaalainen.

Aiemmin hän oli pyöräillyt ystäviensä kanssa mm. Saksasta Ranskaan sekä Etelä-Ruotsissa ja -Norjassa. Nordkappiin ulottuva pyörämatka oli ollut hänen unelmansa jo vuosia ja nyt hän oli sen toteuttanut ja oli tyytyväinen. Hän aikoo ajaa vielä Turkuun, josta menee laivalla Tukholmaan, josta ajaa pyörällä Tanskaan vanhempiaan tapaamaan. Matkansa on hänen mielestään lähes ajettu, vaikka sitä on jäljellä vielä melkein pari viikkoa eli suunnilleen saman verran kuin meidän matkamme kestää kaiken kaikkiaan. Oma suorituksemme ei tunnu enää ollenkaan niin sankarilliselta kuin vielä aamulla.

Lähdemme jatkamaan matkaa, saksalainen jää vielä taukoilemaan. Pyörätietön taival jatkuu ja ajaminen on stressaavaa. Viitsisiköhän sitä edes ajaa Helsinkiin asti, jos koko matka olisi tällaista? Vai tottuuko tähän? Takamukset, ranteet ja varpaat kaipailevat taukoa 15-20 kilometrin välein. Onneksi niiden puutumiseen auttaa pienikin tauko.

Kyllästymme tahkoamaan Iin suoraa, joka on yli kymmenen kilometriä pitkä ja istahdamme tienvarsiheinikkoon syömään suolakurkkua ja rusinoita. Ei ihme, että tunsimme ajavamme ralliradalla, sillä numeroituja ralliautoja tosiaan vilahtelee jonossa ohi. Jossain lähistöllä lienee kisat. Juuri kun olemme lähdössä, saksalainenkin saapuu, joten ajelemme taas kolmestaan. Juttelu ei onnistu ajon aikana, on ajettava tarkasti jonossa ja liikenteen melu on sen verran kova, että huutaminen ei kannata. Iissä päätämme taas levähtää ja hakea kaupasta puistonpenkkievästä. Saksan poika menee pizzalle.

Tankkaus on vähän hakemisessa, olemme aika väsyksissä ja nälissään, on pakko juoda reilummin mehua ennen kuin jaksamme mennä kauppaan sisälle. Siinä töllistellessämme Unicef -feissari kysyy, olisiko meillä hetki aikaa, emmekä millään kehtaa sanoa, ettei olisi, kun vaan seisoskelemme mehua hörppien katseet tyhjinä. Jumitumme siis kuuntelemaan nuoren miehen tarinaa Unicefista. Mielenkiintoista ja yleissivistävää, mutta emme silti ala tällä erää kuukausilahjoittajiksi. Vika ei ole esityksessä, joten pahoittelemme, että veimme aikaansa. Ei kuulemma haitannut, hänelläkin sitä oli jakaa asti.

Kaupassa yritämme valita nopeasti syötävää, jotenkin hitaalla kuitenkin käymme. Kävelemme ensimmäistä kertaa pyöräilykengillä sisällä kivilattialla ja se on vähän haasteellista. Olisi pitänyt ottaa kärryt rollaattoriksi. Kengät luistavat ja kopisevat. Emme kuitenkaan kaadu kumpikaan. Tulee kuulutus: "Kassalla tarvitaan apua". Mietimme, että mitäköhän apua ne tarvitsevat, että pitäisikö tarjoutua auttamaan. Joskus kaupoissa kuulutetaan, että kassoille tarvitaan esimiestä. Tällöin

48

työttömälle tulee mieleen mennä tarjoutumaan töihin. Esimieskokemusta löytyy.

Saamme ostokset tehtyä, syömme salaatit ja patongit puistonpenkillä ja päätämme vielä käydä läheisessä baarissa kahvilla. Timo lähtee edeltä mennäkseen vessaan, minä jään pakkailemaan pyörää. Saksan poika on saanut pizzansa syötyä ja tulee vielä jutustelemaan. Toivottelemme toisillemme mukavaa matkaa ja eroamme. Huomaan, ettemme kertoneet edes nimiä toisillemme. Valokuvankin olisi voinut ottaa muistoksi. Hidas ihminen huomaa vasta jälkeenpäin.

Baari on sama vanha pieni huoltoaseman baari, jossa kävimme jo 1980-luvun alussa silloin tällöin kahvittelemassa. Muutama pöytä ja kanta-asiakkaat, joista ainakin osa on sen verran nuoria, etteivät voi olla samoja kuin 80-luvulla. Meitä selvästi tarkkaillaan, emme kuulu joukkoon. Kun lähdemme, ulos tulee useampikin asiakas tupakalle tai muuten vaan kyselemään, mistä olemme tulossa ja minne menossa. Pitkänmatkanpyöräilijänä saa näköjään helposti ystävällistä ja kiinnostunutta juttuseuraa. Tulee hyvä mieli. Päätämme tästä lähtien pitää pyörälaukut aina mukana ja sulloa ne täyden näköisiksi ilmapalloilla, styroksilla tai jollain muulla, jolloin voinemme nauttia ystävällisistä ihmisistä aina pyöräillessämme.

Iistä Ouluun pääsee onneksi pyöräteitä ja hiljaisia teitä pitkin, joten ajaminen on taas paljon mukavampaa. Voisi jopa keskustella, jos olisi jotain sanottavaa. Ei meillä yleensä juurikaan ole. Olemme puhuneet keskenämme 34 vuotta, joten tiedämme aika tarkkaan toistemme ajatuksenjuoksun. Vasta noin neljännestä repliikistä tarvitsee yleensä aloittaa ääneen puhuminen, sitä aiemmat repliikit tiedämme sanomattakin.

Joskus harvoin Timo pääsee kuitenkin yllättämään, viimeksi parikymmentä vuotta sitten. Olimme vuosikausia käyneet aina perjantai-iltaisin ostamassa viikon ruuat Eka-marketista. Ajelimme jälleen kerran Lada Samarallamme perjantain kauppareissulle samaa reittiä kuin aina, hiljaa istuen. Yhtäkkiä Timo kysyi: "Ekkaanko sitä ajettaan?" Silloin yllätyin. Timo yllät-

tyi itsekin. Piti parkkeerata Lada kadun reunaan ja py-
sähtyä hetkeksi rauhoittumaan tuosta riehakkuudesta.

Haukiputaalla levähdämme sopivassa ruohikkoisessa
rinteessä, jossa voi maata jalat ylöspäin ja saada näin
maitohapot pois jaloista. Tai Timo makaa, minun
jalanpätyköihini ei maitohappoja juuri kerry, mistä on
aina kiva Timolle kehaista. Viimeiset parikymmentä
kilometriä Ouluun menee miellyttävästi, sillä tie on
rauhallinen ja kiertelee metsän keskellä, puistoissa ja
asutusalueilla. Samalla voi bongailla oululaisten piho-
ja. Ajelemme keskustaan pyörätieopasteiden mukaan,
poikkeuksellisesti opasteet ovat loogisen selkeät ja
reitti on meille uusi ja hieno – menee pitkin jokirantaa
ja läpi Pikisaaren.

Oulujoen rannalla hengähdämme vielä juomatauon
verran. Toppilan möljän kesäteatteriesityksen äänet
kuuluvat selvästi kesäillassa. Meillä on nyt jo voitta-
jan olo, sillä ensimmäinen etappi alkaa olla takana
eikä edes väsytä pahasti, takamus vaan on vähän
turtana. Itse asiassa tunnen itseni huippu-urheilijaksi,

51

jonka rasvaprosentti lähestyy kovaa vauhtia nollaa. Timoa tuntemukseni jostain syystä hymyilyttää kovaäänisesti.

Ilta-aurinkoisen torin läpi ajaessamme käy voimallisesti mielessä palautusoluiden hörppääminen terassilla. Tai oululaisethan juovat patiolla. Ainakin ennen joivat. Hillitsemme itsemme ja päätämme majoittua ensin. Luulemme tietävämme, missä on hotelli Apollo, josta olemme varanneet huoneen. Ei kuitenkaan löydy ennen kuin kysymme paikallisilta neuvoa.

Ystävällisen hotellihenkilökunnan kanssa mietimme pyörille sopivaa ja turvallista yösijaa ja henkilökunta ehdottaa lopulta, että toisimme pyörät sisälle käytävään. Siitähän me ilahdumme suuresti! Roudaamme tavarat huoneeseen, käymme suihkussa, soitan äidille ja whatsappaan lasten kanssa. Levähdämme hetken ja lähdemme kaupungille etsimään sopivaa ruokapaikkaa.

Vaikka kesäilta on kaunis ja aurinkoinen, ei ole erityisen lämmin. Timo hytisee liian vähillä vaatteilla, kävely sentään lämmittää. Meillä on pientä erimielisyyttä, millaiseen paikkaan menisimme syömään. Minä haluaisin johonkin viihtyisään paikkaan ja Timo edulliseen. Siinä kaupungilla kävellessämme näen itseni heijastuvan näyteikkunasta ja pettymykseksi olemukseni ei ollenkaan näytä siltä kuin tuntuu eli että rasvaprosenttini hipoisi nollaa. Pitäisikö valita salaattibaari?

Päädymme lopulta rantaan ja tuijottelemme torin reunan ravintoloita. Valitsemme yhden, jonka edustalla on ruokamainos. Sieltä meidät kuitenkin ohjataan viereiseen paikkaan, jossa ruokatarjoilu kuulemma on. Josta meidät ohjataan viereiseen paikkaan, jossa ruokatarjoilu kuulemma on. Josta sentään saamme tilata ruokaa. Ehdimme jo epäillä, että olemme väärää kohderyhmää, emmekä saa ruokaa mistään paraatipaikan ravintoloista, vaan meidät ohjataan ravintola kerrallaan ulos kaupungista.

Ilta tuntuu sen verran viileältä, että päätämme kiivetä ravintola-aitan yläkertaan syömään. Olemme ainoat asiakkaat. Aitan sisustus on aivan eri maailmasta kuin ulkopuoli: Ruokalamaiset pitkät pöydät ja kirkkaan väriset muovituolit, televisiossa mölisee joku kesäperjantai-illan visailu neljännen kierroksen uusintana ja kaiuttimista raikaa disco-pop-jytä, joten kakofonia on melkoinen. Timon aiemmin ehdottama pizzeria-kebab-pub kahden euron pizzoineen olisi saattanut olla viihtyisämpi.

Siirrymme sittenkin ulos, jossa tarkenee fleece-huovat harteilla. Syömme pizzan puoliksi, sillä kummallakaan ei ole erityisen nälkä, tuli kuitenkin syötyä sen verran matkan aikana. Ja peilikuvakin välkkyy mielessäni. Pizza on hyvää ja luonnollisesti juomme oluet. Olut on hyvä palautusjuoma kovan urheilusuorituksen jälkeen. Sitä ei kuitenkaan saa juoda liikaa, jottei palaudu liikaa – esimerkiksi lapsen tasolle.

Paluumatkalla hotellille käymme vielä verestämässä nuoruusmuistoja vanhassa Sarkassa. Otamme varman

54

päälle ja juomme illan toiset oluet, jotta palaudumme varmasti kunnolla ensimmäisen pyöräilypäivän rasituksista. Kuuntelemme oluen ajan hyvinkin persoonallisia karaoke-esityksiä. Olisin voinut laulaakin, mutta on niin pitkä laulujono, ettemme jaksa odottaa. Peti kutsuu huippu-urheilijoita.

Päät eivät tainneet ehtiä ihan tyynyyn asti, kun uni jo tuli ja loppui vasta aamuiseen herätyshälytykseen.

Pyörän matkamittarista kirjaamme ylös päivittäiset kilometrimäärät ja ajoajat. Ipadin reittiohjelmasta näemme reitin korkeuserot. Perinteinen ruutuvihko ja kynä toimivat lukemien luotettavimpana tallennusvälineinä. Ensimmäisenä päivänä ajokilometrejä kertyi mittarin mukaan 106. Ajoaika oli 5 tuntia 49 minuuttia ja kokonaisaika taukoineen oli noin 9 tuntia. Nousua matkalla oli 114 metriä ja laskua 107 metriä eli aika samalla tasolla pysyttiin.

Päivä 2 - lauantai 28.6.2014
Oulu, hotelli Apollo

Ihana hotelliaamiainen! Syömme reippaasti. Vähän huolestuneina seuraamme parin tiukkatrikoisen kaverin lähtöä hotellilta numerolaput rinnassaan. Pitääkö meidänkin laittaa numerolaput? Onko edessä väliaikalähdöt? Pidämme kuitenkin päämme kylminä, syömme kaikessa rauhassa ja päätämme tehdä oman suorituksemme. Teemme parhaamme ja katsomme, mihin se riittää.

Meillä on vain yksi sykemittari, eilen se oli Timolla, tänään minä otan sen käyttööni. Täytyy seurailla, että pumppu muistaa lyödä. Mittaan verenpaineenikin iltaisin. On tunnustettava se tosiasia, ettemme ole enää ihan nuoria ja tämä on meille poikkeuksellisen rasittava ja pitkäkestoinen suoritus. On pakko vähän tarkkailla elintoimintoja.

Todettuani sydämeni lyövän kannamme pyörät ulos ja pakkaamme ne takapihalla. Ehdotan miehelleni, että tarkistamme kartasta, minne päin pitää lähteä. Mieheni toteaa vähän närkästyneenä, että kai me nyt Oulussa osaamme suunnistaa. Olen sitten samaa mieltä. Kai me nyt Oulusta Kempeleeseen löydämme?

Ajelemme suunnilleen etelää kohti. Kun pääsemme keskustasta vähän syrjemmälle, alkavat hyvät pyörätiet, kehumme niitä oikein ääneen. Vähän matkaa ajettuamme pitää pysähtyä säätämään Timon nopeus- ja matkamittaria, joka ei taaskaan toimi. Onneksi Timo kuitenkin saa sen kuntoon, sillä se on mielenkiintoinen ja tärkeäkin apuväline reissussa. Aurinko paistaa ja pyöräteitä riittää, vauhti ja mieli ovat reippaat, kun ajelemme eteenpäin. Höyhtyää ohittaessamme muistelen asuneeni siellä muinoin opiskellessani Oulun yliopistossa yhden lukuvuoden.

Kaukovainion opasteiden kohdalla minulla alkaa pikkuhiljaa raksuttaa, että nyt taidamme mennä ihan väärään suuntaan. Huomautan tästä Timolle, joka ei ensin meinaa uskoa, mutta huomaa sitten vähitellen itsekin saman. Meidän pitäisi ajaa paljon lännempänä, nyt olemme menossa sisämaahan päin. Lähdemme siis hivuttautumaan länttä kohti, mutta emme löydä selkeää reittiä. Vastaan tulee umpiperiä ja ajelemme ristiin rastiin omakotitaloalueella.

Timo unohtaa taas, että jalkansa ovat kiinni polkimissa ja kaatuu jarruttaessaan. Toinen kerta. Yleisöäkin on tällä kertaa talojen pihoilla. Yritän pidätellä nauruani, kun Timo ehtii vielä sanoa ennen maahan mätkähtämistään: *"Nyt alakaa vituttaa"*.

Kun pyörällä kaatuu sen vuoksi, ettei muista pysähtyessään irrottaa lukkopolkimia, sitä kaatuu ikään kuin hidastetusti ja ehtii halutessaan kommentoida tapahtumaa ennen maahan osumistaan. Pinnat alkavat olla kireähköinä, pinnankiristinkin on työkalulaukussa, mutta sitä ei nyt yhtään tarvita. Kuuluvalla äänellä neuvottelemme reitistä ja jatkamme suunnistusta.

Käsittämätöntä, miten onnistumme eksymään Oulussa niin totaalisesti. Emme meinaa millään löytää oikealle reitille. Paperikarttaa meillä ei Oulusta ole eikä sisu anna periksi kaivaa esille iPadin navigaattoria. Yhtäkkiä huomaamme ajavamme pururadalla! Kysymme vastaan tulevalta hölkkääjältä, miten pääsisimme Kempeleen tielle. Hölkkääjä pyörittelee silmiään eikä osaa oikein sanoa. On kuulemma vaikea hahmottaa, koska olemme niin kaukana. Missä ihmeessä me oikein olemme? Vuokatissa? Hölkkääjä antaa kuitenkin suuntia pururadalta pyörätielle, josta pääsisimme jollekin isommalle tielle.

Seuraamme ohjeitaan ja osumme Ouluun johtavalle tielle. Päätämme ajaa autotietä pitkin, sillä siellä on sentään opasteet kunnossa. Tie on kohtalaisen vilkas ja pyörätie, jota pitkin meidän tietenkin pitäisi ajaa, kulkee ainakin osittain aivan tien vieressä, joten saamme viipyileviä katseita autoilijoilta. Muuten niitä ei kyllä nykyään enää saakaan. Kuollut kärppä lojuu tiellä, mikä ei Oulussa yllätä. Ei ole numeroitu kuitenkaan. Vaikuttaakohan menetys ensi kauteen?

Ajelemme autojen seassa ja löydämme vihdoin Kempeleen tielle. Ihmettelimme viimeksi eilen, miksi Saksan pyöräilijä ajoi autojen seassa, vaikka pyörätiekin olisi ollut lähettyvillä. Emme ihmettele enää. Terveisiä vaan pyöräteiden opasteiden suunnittelijoille, että tällä saralla on paljon parannettavaa. Esimerkiksi Oulussa on mainio pyörätieverkosto ja opasteetkin toimivat, jos on menossa keskustaan tai tuntee kaupungin hyvin. Mutta kun haluaa kaupungista pois johonkin tiettyyn suuntaan, pitää tietää, minkä asuinalueiden läpi tällöin pitää ajaa. Pyörätieopasteissa ei lue esimerkiksi Kempele, Jyväskylä tai Kemi. Niissä lukee esimerkiksi Nokela, Kaukovainio tai Toppila. Pyöräilijän pitää joko tuntea kaupunki tai katsoa ensin kartasta reitti ennen kuin voi opasteiden perusteella osata kaupungista pois.

Jos ajaa vaikka kymmenen kilometriä harhaan huonojen opasteiden vuoksi, se harmittaa huomattavasti enemmän pyöräilijää kuin saman verran harhaan ajanutta autoilijaa. Opasteiden toimivuus pitäisi testauttaa kaupunkia tuntemattomalla pyöräilijällä.

60

Tulemme valitettavasti huomaamaan, että opaste-ongelma on Suomen laajuinen.

Onnistumme harhailemaan tunnin ajan ja ajamme viisitoista ylimääräistä kilometriä. Onneksi päivä on alussa ja matka on alussa, joten eksyminen vielä huvittaa. Aprikoimme kyllä, miten ihmeessä osaamme ajaa Helsinkiin, kun jo Oulussa eksymme noin dramaattisesti. Olemme sentään molemmat asuneetkin Oulussa. Poljemme vähän matkaa Kempelettä kohti ja pysähdymme juomatauolle. Aikaa lähdöstä on kulunut puolitoista tuntia ja olemme viidentoista kilometrin päässä Oulusta. Olemme siis edenneet kymmenen kilometrin tuntivauhtia. Saattaa reissu kestää tätä menoa.

Aurinko lämmittää jo niin paljon, että vaihdamme sortsit jalkaan. Näky on kaamea, mutta ehkä se ei pyörän päällä niin haittaa. Poljemme Limingan kes-kustaan, jossa asetumme jäätelökioskin lähelle syömään eväitä ja ostamme jäätelöt jälkiruuaksi. Pyörän päältä noustessani vetaisen nopeasti hameen

61

sortsien peitoksi. Timo on rohkeasti sortsisillaan, hän ei ole hameihmisiä.

Vieressä on urheilutalo, jossa Timo käy vessassa. Kun minä yritän myöhemmin samaa, en pääsekään sisälle. Sinne pääsee vain kortilla tai koodilla tai jollain. Timo pääsi tuurilla, sattui kai menemään sisälle jonkun peesissä. Kysymme paikalliselta nuorelta herralta, onko lähistöllä huoltoasemaa tai jotain, jossa olisi yleisöwc. Kaveri opastaa meidät parin korttelin päässä olevaan kirjastoon. Jäämme keräämään kamoja kasaan ja kaveri häipyy. Hän pyöräilee kohta takaisin ja sanoo käyneensä tarkistamassa, että kirjasto ei olekaan lauantaisin auki, mutta opastaa meidät sen sijaan läheiseen ravintolaan, jonka wc:ssä voi käydä. Ystävällinen nuori mies ilahduttaa, kiittelemme kovasti!

Limingalta poistuminenkaan ei onnistu muuten kuin tietä kysymällä. Enää emme viitsi lähteä arvailemaan reittiä eikä opasteita tietenkään satu silmään. Poljeskelemme nelostien viereistä pyörätietä aurinkoisessa ja lämpimässä säässä. Olemme ajaneet nelostietä pitkin todella usein autolla, mutta pyöräily avaa aivan eri näkökulman - kuin ajaisi ihan oudoilla seuduilla. Mielenkiintoista, välillä kannattaa edetä hitaammin. Saavumme Haurukyläntien risteykseen, johon pyörätie päättyy.

Olemme lähteneet hotellilta Oulusta viitisen tuntia sitten ja nyt olemme risteyksessä, jossa lukee: "Oulu 32 km". Tänään ei oikein meinaa matka edetä. Nyt on käynyt lähes samoin kuin vuosia sitten, kun kävimme ostamassa Tampereelta asuntovaunun ja lähdimme vaunun kanssa suorinta reittiä kohti Vaasaa. Missasimme kapealla tiellä kaksi tienhaaraa, joista olisi pitänyt kääntyä pohjoiseen. Emme alkaneet vaunun kanssa kikkailemaan kääntymistä, joten jatkoimme eteenpäin katsoen kartasta, että myöhemminkin pääsee kääntymään Vaasaan. Lopulta olimme ajaneet kuusi tuntia ja tulimme risteykseen: "Tampere 90 km". Se turhautti vielä enemmän kuin tämänpäiväinen siksakki, sillä silloin meillä oli kiire. Nythän tämä ei ole niin päivän päälle.

Risteyksen tienoilla kävelee perhe, jolta kysymme, pääseekö Rantsilaan muutoin kuin nelostietä pitkin. Myös pyörälenkillä oleva herrasmies pysähtyy ja osallistuu keskusteluun. He neuvovat ajamaan pitkin pientä ja hiljaista Haurukyläntietä Mikkolan Myllytien kautta Lännentielle, joka vie Temmekseen. Kiittelemme neuvoista ja leiriydymme ennen matkan jatkamista tankkaamaan itsemme. Ihmisten ystävällisyydestä ja avuliaisuudesta tulee hyvä mieli. Tämä onkin yksi pyörä- ja automatkailun mukavista eroista: Kun matkaamme autolla, pysähdymme huoltoasemilla ja puhumme harvoin kenenkään outojen kanssa. Pyöräillessä taas melkein joka pysähdyksellä joku tulee juttelemaan.

Lännentie kuulostaa jännittävältä, kohtaammeko kenties cowboyta tai intiaaneja? Tie on kuitenkin mukavan rauhallinen ja hyvä ajaa eikä tietääksemme kukaan yritä ampua meitä. Sen sijaan metsätaipaleella olevan mökin pihalta peräämme ryntää iso vaalea kumeasti haukkuva koira. Koiran emäntä yrittää komentaa koiraa palaamaan, mutta ei se usko.

64

Vinttaamme pakoon ylämäkeen, Timo edellä. En uskalla kääntyä katsomaan petoa, mutta haukkunsa on pelottava, kuulostaa isolta ja lähenee uhkaavasti. Ylipainoinen viisikymppinenkin polkee yllättävän nopeasti, kun motivoiva personal trainer kuolaa perässä turpa pohjetta hipoen. Timo alkaa hidastella edessäni ja vilkuilee taakseen, vaikka minä huudan, että polje lujempaa! En pääse ohittamaan ja ehdin jo ajatella, että Timo hidastelee tahallaan, jotta koira söisi minut ja hän pääsisi karkuun. Peto palaa onneksi pihalleen juuri kun yltäisi haukkaamaan minua jalasta. Joko sillä loppui reviiri tai se halusikin vain pelotella. Tai sitten se totesi, ettei jaksaisi kuitenkaan syödä minua ja luovutti.

Ennen reissua mietin, että pelottavinta olisi, jos kohtaisimme hiljaisella tiellä karhun tai tulisi ukkonen, emmekä pääsisi suojaan. Tämä vastasi melkein karhun kohtaamista.

Kun hengitys tasaantuu ja pulssi laskee alle kahdensadan, tenttaan Timoa, miksi ihmeessä hän alkoi hidastella juuri kun koira oli saavuttamassa minua! Timo ei tunnusta, että tarkoituksensa olisi ollut syöttää minut koiralle. Sen sijaan hän aikoi kuulemma ritarillisesti hypätä pyörän päältä ja nostaa pyörän eteemme estääkseen koiraa hyökkäämästä. Näin hän kuulemma yleensä pelastautui vihaisilta koirilta 70-luvulla lehdenjakajana toimiessaan. Reissun ja avioliiton jatkumiseksi haluan uskoa tämän version.

Jännittävän Lännentien jälkeen matkan varrelta löytyy Temmeksen kaunis puukirkko, jonka eteen pysäh-dymme rauhoittumaan. Valokuvaamme kirkkoa, toi-siamme ja peltistä mustaa vaivaisukkoa, joka näyttää yhtä notkealta kuin itse tunnemme olevamme.

Meijerinkylästä päätämme lähteä sivutietä pitkin Järvikylän kautta Rantsilaa kohti. PyöräilyGT -kartta näyttää, että kyseinen tie on osa valtakunnallista pyöräilyreittiä ja on Järvikylään asti päällystetty ja sen jälkeen päällystämätön. Tähän asti ajamamme päällystämättömät tiet ovat olleet mukavia ajella, joten valintamme on selvä. Mieluummin hiljaista

66

hiekkatietä kuin nelostietä. Tällä etapilla kuitenkin huomaamme, että soratie voi olla myös kammottava ajettava. Tielle on aivan vasta lisätty uusi murske-kerros, joka on niin rakeista, että pelkään raskasta lastia kannattavien pyöränkumieni hajoavan. Lisäksi tällaisella kuivalla säällä tie pölisee niin, että jopa minä joudun pitämään ajaessa suutani kiinni. Vanhalle simolaiselle se on vaikeaa, sillä simolaisen tavara-merkki on avoin suu.

Harvakseltaan vastaan tulevat autoilijat nostavat ilmeisesti myötätunnosta meille kättä. Motoristikin nostaa kättään, yhteenkuuluvaisuuden tunne on voimakas. Soratietä riittää kymmenkunta kilometriä. Tärinä on niin kova, että epäilen saavani metsurin taudin käsiini. Kun sinänsä ihan hyvistä Lidlin ajo-laseista putoaa tärinässä linssi tielle, minun on pakko pysähtyä. Timolla on pyörässään ilmeisesti parempi jousitus ja vähemmän painoa päällä, sillä hän vaan jatkaa matkaansa reipasta vauhtia. Jään korjailemaan laseja ja samalla kuvaamaan tuntemuksistani idyllisen videonpätkän (K18). Eiköhän se herra jossain

67

vaiheessa huomaa, että rouva ei ole peesissä. Minun pyörässäni on Timon tavarat, joten kimpassa on pysyttävä. Positiivista tällä etapilla on, että maalaismaisemat ovat kauniit.

Pitkän suoran päässä Timo lopulta huomaa minun jääneen ja pysähtyy odottamaan. Poljen hissukseen hänet kiinni. Lähestyessäni kuulen kummallista mölinää. Puhuuko se puhelimessa? Ei kyllä usein puhu. Ei, vaan kaupunkilaismies yrittää kommunikoida tien vieressä laiduntavien komeiden lehmien kanssa. Ilmeisesti kommunikointi onnistuukin, sillä lehmät kokoontuvat oikein kiinnostuneen näköisenä katsomaan ja kuuntelemaan mylvähtelevää kaupunkilaismiestä. Ne jopa mölisevät takaisin. Mitä lie keskustelevat, ei paljastu minulle.

Voi miten nautinnollista on päästä vihdoin asfaltti-tielle! Tämä taival opettaa vähän varomaan päällystämättömiä teitä, niiden ajomukavuuksissa voi olla todella suuria eroja. Meillä molemmilla oli vähän liian idyllinen kuva hiekkatiellä pyöräilystä.

Varaamme puhelimitse seuraavan yöpymispaikan Rantsilan Sipolassa sijaitsevasta B&B Rosenbergista. Siellä ei ole illalla ruokailumahdollisuutta, joten etsimme ruokapaikan Rantsilan keskustasta. Onneksi joka taajamasta löytyy vähintään yksi pizza-kebab – ravintola. Minä syön kebabin ja Timo pizzan. Rosenbergiin on Rantsilasta vajaat parikymmentä kilometriä. Päätämme valita tällä kertaa lyhyimmän tien ja pyöräilemme pitkin nelostietä. Lauantai-illan liikenne on kohtuullisen hiljainen, joten ajaminen on siedettävää. Jalkapallon MM-kisojen illan ensimmäinen ottelu alkaa seitsemältä, kello on noin kuusi, joten kiirekin on. Tämä etappi on kyllä koominen – pelkkää suoraa koko matka! Välillä tuntuu, että voisi nojata lepotankoon ja ottaa ajaessa nokoset.

Toteamme, että kannattaa syödä päivän "oikea" ruoka vasta pyöräilyn päätyttyä, sillä vatsa täynnä ajaminen ei ole mukavaa. Keuhkoon pistää ja ateria pyörii kurkussa, varsinkin jos ajaa kohtuullisen kovaa. Perille saavuttuamme Timo selvittää nopeasti television sijainnin ja istahtaa jalkapallokatsomoon. Minä hoidan kirjautumiset ja tavaroiden roudaamiset. Käyn saunarakennuksessa suihkussa, valokuvaan kaunista pihapiiriä ja vetäydyn huoneeseemme.

Majatalon päärakennus on kokonaan käytössämme, vain mökeissä on muita asiakkaita. Televisio on alakerran salissa ja makuuhuoneet yläkerrassa. Makuuhuoneemme ikkuna on nelostielle päin, joten autojen äänet kuuluvat kyllä, mutta liikenne on aika hiljainen ja varsinkaan minun nukkumistani meteli ei yleensäkään haittaa yhtään. Timo katsoo myöhäisemmänkin matsin. Minulle uni tuli taas heti, kun sänkyä lähestyn, mutta herään kyllä joka kerta, kun maali tulee.

Toisena päivänä ajokilometrejä kertyi 102. Ajoaika oli 5 tuntia 52 minuuttia ja kokonaisaika taukoineen noin 10 tuntia. Nousua matkalla oli 125 metriä ja laskua vain 66 metriä eli tulimme reippaasti ylöspäin päivän aikana.

Päivä 3 - sunnuntai 29.6.2014
Rantsilan Sipola, Rosenberg B&B

Toivoimme aamiaisen puoli yhdeksäksi. Jokainen on jossakin asiassa hyvä, me olemme hyviä syömään ja nautimme taas monipuolisesta aamiaistarjonnasta. Majapaikan nuori emäntä kertoilee tilansa toiminnasta, heillä on majoitustoiminnan lisäksi mm. lypsy-karjatila. Upea päärakennus on ollut aikoinaan pappila, joka on siirretty muualta nykyiselle paikalleen.

Sää on aurinkoinen ja lämmin, joten sulloudumme sortseihimme ja kymmenen maissa olemme valmiita lähtemään. Pyöriä pakaillessamme mökkiyöpyjiä tulee päärakennukseen aamiaiselle. He kyselevät matkasuunnitelmastamme ja ehkä hieman epäilevät onnistumistamme, sillä yksi naisista lupaa ottaa meidät keskiviikkona Helsinkiin ajaessaan väliltä kyytiin. Kiitämme lupauksesta.

Olemme suunnitelleet päivän reitin niin, että ajamme ensin nelostietä pitkin Terskanperälle ja sekös meitä tirskututtaa. Sieltä jatkamme, jos naurultamme pystymme, Pulkkilan kautta Haapavedelle, josta Haapajärvelle, jossa ehkä yövymme. Hihittelemme posket punaisina Terskanperän ohi ja ajelemme taas pitkin melko kapeaa hiekkatietä, joka kiemurtelee metsän keskellä. Karhuja ei onneksi näy ja tämä hiekkatie on ihan hyvä ajaakin.

Saavuttuamme Pulkkilaan päätämme pitää tauon. Ehdotan, että pysähdymme pyörätien viereiselle siistille nurmikolle evästelemään. Timo jarruttaa, ei muista irrottaa kenkiä polkimistaan ja kaatuu taas. Kolmas kerta. Tällä kertaa tulee vähän nirhaumia paljaaseen polveen, mutta yleisöä ei näy. Katselen tarkemmin ympärilleni ja huomaan, että olemme leiriytyneet Pulkkilan terveyskeskuksen pihalle. Epäilemme tohtorin katselevan ikkunasta ja kaivavan ihmisenpaikkausvälineitä esiin. Asiakas on laskeutunut pihalleen. Minuahan tietenkin naurattaa ja muutaman helpottavan kirosanan jälkeen naurattaa Timoakin.

72

Toteamme, että vammat eivät estä matkan jatkamista eivätkä vaadi edes paikkaamista. Yritän suositella, että kannattaisi pitää kengät irti lukoista ajaessamme taajama-alueilla, joissa on tasa-arvoisia risteyksiä. Ja kannattaisi irrottaa lukot varsinkin, kun olemme aikeissa kohtapuoliin pysähtyä. Uskooko hän?

Suunnistamme seuraavaksi Haapavettä kohti. Taival on melko metsäinen, mutta tie hyvä ja päällystetty eikä liikennekään häiritse. Viisi kilometriä ennen Haapaveden keskustaa alkaa ripsiä vähän vettä, mutta emme kaiva moisen pikkusateen vuoksi sadevarusteita esiin. Tai minun sadeviittaani, Timollahan ei sellaista edes ole, koska hän pitää sitä turhana varusteena.

Hyvin nopeasti sade yltyy kovaksi, tuuli kääntyy vastaiseksi ja ilma kylmenee hetkessä monta astetta. Sortsit ja lyhythihaiset paidat ovat yhtäkkiä aivan väärät asut, alkaa palella. Kiihdytämme vauhtia ja päätämme ajaa pysähtymättä Haapavedelle.

Olin juuri aamupäivällä ajatellut, että tällä matkalla emme käy yhdelläkään ABC:llä, sillä autoillessa niihin tulee aina mentyä. Nyt kävisimme vain kahviloissa ja konditorioissa. Mutta kun olemme aivan jäässä ja läpimärkiä ja edessä häämöttää ABC:n kyltti, niin sydämessä läikähtää. Pääsemme sisälle juomaan kuumaa kahvia ja tilavaan vessaan vaihtamaan vaatteet! Oven edessä on tyhjä kärrykatos, jonne saamme pyörätkin laukkuineen sateelta suojaan. Taivaallista.

ABC:n asiakkaat vilkuilevat meitä vähän epäluuloisesti. En yhtään ihmettele, läpimärät sortsiasut eivät ole tälle säälle viisaan näköinen valinta. Olen vetaissut minihameen pyöräilysortsieni päälle, eikä sekään kyllä hyvältä näytä. Ja pyöräilykengät näyttävät ja kuulostavat kivilattialla hiihtomonoilta. Näky lienee koominen. Emme anna sen kuitenkaan häiritä itseämme. Käyn ihanan tilavassa WC:ssä vaihtamassa ylleni kuivat vaatteet, Timo karskimpana henkilönä vaan lisää pitkähihaista ja -lahkeista ylleen.

74

Nautimme leivät kahvin kanssa ja alamme miettiä seuraavaa siirtoa. Vettä sataa ja taivas on aivan harmaa. Kaivamme iPadin esiin ja tutkailemme sääennusteita. Sääkartalla on salamoita joka puolella! Mistä ne nyt ovat sinne yhtäkkiä tulleet? Minua alkaa pelottaa, pulssi nousee heti enemmän kuin kertaakaan ajaessa. Paitsi ehkä silloin kun koira kolisteli hampaitaan takalokasuojaan.

Muistan, että puhelimeni oli soinut matkalla enkä viitsinyt sateessa pysähtyä vastaamaan. Soittaja on ollut kälyni. Soitan takaisin.

– *Missä ootte?*
– *Ollaan Haapaveen ABC:lä saetta pitämäsä.*
– *Mitää, äiti asuu siinä aivan lähellä, nyt meette kyllä sinne! Kyllä äiti kahavit keittää.*
– *Ei kai me kehata, ikinä olla käyty. Ja matkanki pitäs edetä, vaikken uskaltais, ku ukkosia ennustettaan.*
– *No ainaki meette jomman kumman siskon luo*

75

- *Ei kai me kehata tunkea...*

- *Meette iliman muuta, suututaan kaikki, jos ette mee!*

- *Misä ne tarkkaan ottaen assuu, ku ei oikein olla vielä päätetty, mihin päin tästä jatketaan. Pittää tuota sääennustetta vähän seurata, jos voitais satteita jotenki väistellä. Lähetä molempien osotteet, niin mietittään. Mää soitan sulle sitten takasin.*

Saamme siskosten osoitteet, tuijottelemme kartasta reittejä ja sääennusteita ja rohkenemme lopulta kutsua itsemme Leenan ja Vilhon luo Nivalaan. Lännen ennusteet ovat lähipäivinä vähemmän sateisia. Leena lupaa meille itse leipomaansa ruisleipää, joka on niin hyvää, että sitä varten voisi polkaista pidemmänkin matkan. Koko reittisuunnitelma muuttuu nyt alkuperäistä lännemmäksi, mutta mehän emme ole hakanneet reittiä kiveen.

Yhtäkkiä sade loppuu ja aurinko alkaa paistaa, joten keräämme nopeasti kamat kasaan. Ennusteen mukaan muutaman tunnin päästä taas sataa ja ukkostaa. Ulkona kysymme paikallisilta, minne päin meidän pitää lähteä, kun Nivalaan haluamme. Nyt emme halua käyttää yhtään ylimääräistä aikaa reittien etsiskelyyn. Ystävällinen rouva neuvoo tarkan reitin, jota seuraamalla osumme heti oikealle tielle.

Haapavedeltä laskeudumme kohti Nivalaa hurjaan alamäkeen naamat hulmuten. Timo tavoittelee nopeusennätystä ja antaa pyörän rullata vapaasti. Minä arastelen ja jarruttelen. Pystyssä pysymme molemmat. Matkaa Nivalan Aittoperälle on nelisenkymmentä kilometriä. Aurinko paistaa lämpimästi, mutta todella mustia pilviä on joka puolella. Näyttää siltä, että vain tien päällä kiemurtelee pilvetön ja aurinkoinen kaistale. Mikä tuuri!

Tuuli on myötäinen ja koko matka taitaa olla alamäkeä, niin helpolta eteneminen tuntuu. Ajamme kilpaa ukkospilvien kanssa ja siksi aika lujaa.

77

Haluamme päästä ainakin mahdollisimman lähelle määränpäätä ennen sadetta. Maltamme pysähtyä vain yhdelle seisomatauolle juomaan ja syömään nopeasti proteiinipatukat.

Onneksi soitan Kajaanintien risteyksestä vielä Leenalle, että olemme tulossa. Omin päin olisimme lähteneet oikealle kohti Nivalaa, vaikka lyhyempi reitti menee suoraan Maliskylän kautta. Nivalan keskustasta käymme ostamassa edes perinteisen kahvipaketin tuliaisiksi. Tämä vierailu tuli meillekin yllätyksenä, joten emme ole varautuneet mitenkään muuten. Soitan vielä Leenalle kysyen tarkempia ajo-ohjeita, joiden perusteella on helppo suunnistaa loppumatka.

Leena ja Vilho istuskelevat aurinkoisella pihallaan meitä odottamassa, mutta juuri kun saamme kannettua kaikki tavarat sisälle, alkaa sataa kaatamalla vettä. Ajoitus osui aivan nappiin. Syömme hyvin ja paljon varsinkin Leenan ihanaa ruisleipää. Timo ja Vilho katsovat jalkapallo-ottelut, minua uni kutsuu aiemmin.

Kolmantena päivänä ajokilometrejä kertyi mittarin mukaan 94. Ajoaika oli lyhyt eli vain 4 tuntia 54 minuuttia ja kokonaisaika taukoineen noin 7,5 tuntia. Nousua matkalla oli 192 metriä ja laskua 185 metriä ja se jakaantui niin, että vähän yli puoliväliin ensin nouseskeltiin ja loppumatka lasketeltiin. Ilmankos iltapäivän matkanteko oli niin helppoa. Luulimme kuntomme olevan jo niin kova, että jaksamme mitä vaan.

Päivä 4 - maanantai 30.6.2014
Nivala, Aittoperä

Leena loihtii meille vielä runsaan aamiaisen, hyvä hotelli on tämä. Ehdotamme, että voisimme ajaa puolen päivän reissuja ja palata aina tähän majapaikkaan yöksi. Olen aistivinani, että idea ei isäntäväen mielestä ollut kovin hyvä, vähän väkinäisesti hymyilevät ehdotukselle. Yhdessä mietimme päivän reittiä, paikallistuntemus helpottaa suunnittelua. Ja isäntäväki taitaa samalla varmistella, että todellakin etenemme mahdollisimman suoraan kohti Helsinkiä.

Ihastelemme vielä pihaa upeine istutuksineen. Pihapiirissä on iso vanha kanalarakennus, jossa on ollut enimmillään noin 4000 kanaa. Kanala-aikoihin Vilholle oli yhtäkkiä alkanut tulla useita työpaikkakyselyitä. Kun sitten maakuntalehti oli pyytänyt Vilholta Keski-Pohjanmaan suurimpana työllistäjänä haastattelua, oli käynyt ilmi, että yritystilastoissa kanojen lukumäärä oli kirjattu työntekijöiden määräksi. Eihän se toisaalta väärin ole.

Lähdemme polkemaan kohti Haapajärveä pilvipoutaisessa säässä. Reitti kulkee läpi kauniiden maalaismaisemien, hyvin hoidetun näköiset maatilat isoine peltoineen miellyttävät silmää. Pysähdymme kuvaamaan maisemia, vaikka arvaan ihmetteleväni jälkeenpäin, miksiköhän nämäkin kuvat on otettu. Puhelinkamerani latistaa maisemakuvat ansiokkaasti. Oksavan voimalaitoksen liepeille parkkeeraamme ensimmäiselle tauolle.

Olen pannut merkille, että pyöräily on minulle aamuisin huomattavasti nihkeämpää kuin päivällä ja illalla. Timolla on samat tuntemukset, muttei ehkä niin voimakkaina. Koneeni käynnistyy hyvin hitaasti. Vauhdin pitää olla aamupäivällä verkkainen ja taukoja pitää olla tiheämmin. Eikä mielellään ylämäkiä aamupäivisin, tosin siihen on vaikeampi itse vaikuttaa. Johtuukohan tämä verenpainelääkkeeni sisältämästä

81

betasalpaajasta vai olenko yksinkertaisesti niin diesel-malli, että vaadin pitkän hehkutuksen ennen hidasta kiihdyttämistä? Kun sitten pikkuhiljaa pääsen käyntiin, en toisaalta väsy kovin helposti ainakaan tasaisella vauhdilla. Tällainen pitkä reissu on hyödyllinen, tässä oppii tuntemaan oman kroppansa käyttäytymistä. Ei huolestuta, vaikkei aamulla meinaa jaksaa, kun tietää, että kyllä se tästä, kunhan päivää riittää. Onneksi Suomen kesäpäivät ovat pitkiä.

Haapajärvellä poikkeamme ABC:lle munkkikahville. Taas ABC:lle. Never say never. Ei löydetty muuta kahvipaikkaa ja toisaalta eihän ABC-asemissa mitään vikaa ole, päinvastoin, hyvät valikoimat niissä on. Harvoin enää nykyään tulee munkkeja syötyä niiden suuren kalorimäärän vuoksi, mutta nyt munkkienergia tuntuu juuri sopivalta. Tässä kohelluksessahan saattaa muuten laihtua! Aurinko paistaa, joten kahvittelemme terassilla. Suunnittelemme seuraavaa etappia, sillä nyt sääennusteet näyttävät siltä, että oikealla reittivalinnalla voimme onnistua väistelemään saderintamia.

Haapajärveltäkin pääsee nopeasti pois ainakin kohti Reisjärveä. Alamäki ei ole niin hurja kuin Haapavedeltä lähdettäessä, mutta mukavasti kuitenkin matka lähtee taas vauhtiin. Valitsemme alkumatkalle hiljaisemman tien, josta tarkoituksemme on kääntyä muutaman kilometrin päästä Mustanperän kautta takaisin 58-tielle. Emme ole oikein kartalla, joten huidon sivutieltä tulevan auton pysähtymään ja kysymme tietä. Autossa olevat kaksi nuorta miestä neuvovat hyvin tien ja osaavat myös kertoa, että kyseinen tie on hiljainen ja pyöräilykelpoinen hiekkatie.

Juuri ennen paluutamme 58-tielle vinttaamme tähän asti jyrkimmän ylämäen. Lyhyt se onneksi oli. Pienimmällä vaihteella pääsen juuri ja juuri mäen päälle. Syke nousee 140:een, mutta laskee onneksi nopeasti, kun maasto tasaantuu. Poskihampaita kiristellen on myönnettävä, että Timo menee tällaiset nopeita jalkoja vaativat jyrkät ylämäet paljon ketterämmin kuin minä.

Reisjärveä lähestyessämme ohitamme alamäessä Köyhänperän kyltin. Huvittaa niin, että harkitsemme pa-

83

laavamme takaisin kuvaamaan kyltin ja perän. Ei kuitenkaan millään viitsisi palata takaisin ylämäkeen. Timo päättelee nerokkaasti, että samanlainen kyltti on kohta tien toisella puolella toisinpäin. Oikein päätelty. Tällä kertaa pysähdymme ja käymme vuorotellen kyltin alla pyöräilyhousuinemme pyllistelemässä toisen kuvatessa. Kyllä naurattaa. Aika helposti näköjään naurattaa, kun päivät päästään vaan pyöräilee. Onneksi sama kuvausidea ei tullut mieleen Terskanperällä. Kansikuvaksi se otos ei ainakaan olisi päätynyt.

Matkaa jatkaessamme tuuli yltyy ukkospuuskamaisen kovaksi, mutta onneksemme se on myötäinen. Hurhautamme vauhdilla Reisjärven keskustaan, joka on kauniilla paikalla järvien ympäröimänä. Ostamme kaupasta salaattia, rieskaa ja juustoa. Sääennuste kertoo sateen alkavan näihin aikoihin iltapäivällä, joten valitsemme evästaukopaikaksi suuren kuusen alustan, jossa olisimme sateelta suojassa. Huomaamme olevamme taas terveyskeskuksen pihalla. Ilmeisesti hakeudumme vaistomaisesti terveyskeskusten tienoille siltä varalta, että joku ei esimerkiksi muistaisi irrottaa kenkiään polkimista, kaatuisi ja kaipaisi paikkailuja.

Minun lukkopolkimieni asentoa pitää taas vähän säätää. Pienikin virheasento alkaa nopeasti vaivata ajaessa. Meillä vaan ei meinaa kummallakaan riittää äly, että mihin päin lukkoa pitää kengänpohjassa siirtää, jotta polvet saisi ajaessa kauemmaksi toisistaan. Eli kantapäät pitäisi saada lähemmäksi pyörää ja päkiät kauemmaksi pyörästä. Eli kengänpohjan lukkoja siirretään siis, ööö... ulospäin? Tai sisäänpäin? Ei auta kuin kokeilla lukkojen ääriasentoja ja tehdä testiajoja. Kikkailemme jonkun aikaa terveyskeskuksen pihalla, mutta emme kumpikaan kaadu kertaakaan! Eikä ala edes sataa. Muutama pisara tuli eväitä syödessämme, mutta niin vähän, että niitä ei lasketa.

Suunnittelemme ajavamme Kinnulaan seuraavaksi yöksi. Lyhyin reitti menisi Lestijärven itäpuolelta, mutta parikymmentä kilometriä hiekkatietä arveluttaa nyt niin paljon, että valitsemme varman päälle ja ajamme pitkin päällystettyä 58-tietä, joka kiertää

Lestijärven pohjois- ja länsipuolelta. Lupiinit kukkivat teiden varsilla monen värisinä komeimmillaan. Näin hitaasti Suomen läpi ajaessa huomaa erityisen hyvin, kuinka laajalle ja runsaina ne ovat levinneet ja vallanneet tienvieret muilta kasveilta. Näyttää, että vain koiranputket pärjäävät niille. Kauniita ne toki ovat.

Lestijoen rannalla on levähdyspaikka (kirjoitin ensin, että lävähdyspaikka, joka olisikin meidän tapauksessamme ehkä kuvaavampi nimi?), jonka laiturille lävähdämme syömään ja juomaan. Levähdyspaikalla on myös asuntoauto, josta astelee herra meitä jututtamaan. Hän on kovasti kiinnostunut matkastamme, sillä hänen tyttärensä suunnittelevat pyöräilyä Etelä-Suomesta Lappiin ja houkuttelevat isäänsä asuntoautoineen huoltojoukoiksi. Yllytämme lähtemään, sillä ainakin meidän matkamme on ollut tähän asti todella mukava. Tyttöjen mukana seuraava isä ja asuntoautonsa toisivat reissaajille mukavasti turvallisuutta matkaan. Mies kyselee, kuinka paljon olemme etukäteen treenanneet. Kysyessään hän katsoo mielestäni korostetusti vain Timoa, ylipainoinen olemukseni saa hänet ehkä epäilemään, että ainakaan minä en ole voinut treenata. Tai saattaa tuo epäilys olla vain omassa vainoharhaisessa päässäni.

Levähdyspaikalle ajaa toinenkin auto, josta nousee vanhempi rouva kuuntelemaan keskusteluamme. Kun asuntoautoporukka lähtee, alkaa rouva vuorostaan kysellä matkastamme. Hän kertoo pyöräilleensä itsekin paljon. Hänen isänsä oli ollut kilpapyöräilijä, joten hän sanoo tuntevansa lukkarinrakkautta pyöräilijöitä kohtaan. Juttelemme pitkään ja kerromme ajavamme ehkä Kinnulaan yöksi, mutta että emme ole vielä varanneet majoitusta.

Kun jatkamme matkaa, rouva ajaa meidät vielä autollaan kiinni ja tarjoaa yöpaikkaa lähellä olevalta mökiltään! Minä hämmennyn moisesta ystävällisyydestä ja sanon, että kiitos kovasti, mutta ajattelimme ajaa vielä muutaman kymmenen kilometriä tänään. Rouva toivottaa – pettyneenä? – hyvää matkaa ja jatkaa matkaansa.

Saman tien alkaa kaduttaa. Olisihan se ollut erikoinen kokemus mennä hänen luokseen. Timo sanoo, että hän epäröi siksi, että meidän olisi pitänyt pyytää rouvaa tarjoamaan meille myös kunnon ateria, sillä lähimailla ei ollut kauppaa tai ravintolaa, josta olisimme saaneet syötävää. Kieltäytymisemme vaivaa meitä pitkään. Voi meitä tolloja. Jäi yksi mielenkiintoinen tilaisuus kokematta.

Kerron rouvan tarjouksesta ystävälleni, joka sattuu soittamaan, kun pysähdymme seuraavan kerran.

– *Täh? Hullut, miks ihmeessä ette menneet?*
– *Kieltämättä kaduttaa aivan älyttömästi.*
– *Siinä mulla seikkailijat, pelkäsitte tietenkin, että se rouva tekis teille reppanoille jotaki? Että sillä ois ollu mökin takana suonsilmään poljettuna kasa ruosteisia polkupyöriä?*
– *Hahhah, joojoo, oltiin tosi tyhmiä, kun kieltäydyttiin.*
– *Kyllä ehotus vaati aika paljon enemmän*

rohkeutta siltä rouvalta!

– *Niinpä. Mutta ei voi ennää mittään. Muuta ku muistella ja katua.*

Tulemme risteykseen, josta pitäisi lähteä kaakkoon kohti Lestijärven keskustaa, jos aiomme edetä Kinnulaan. Siellä päin taivas on sysimusta ja vettä sataa aivan varmasti kaatamalla. Vastakkaisessa eli Toholammin suunnassa taivas taas näyttää kohtalaisen selkeältä, mutta jos kääntyisimme sinne, matka kohti Helsinkiä ei etenisi, päinvastoin. Valitsemme kompromissin ja päätämme jatkaa risteyksen yli suoraan Halsualle.

Varaan Masalan leirintäalueelta mökin. Alue on ennestään tuttu ja mukava, olemme karavaanailleet siellä usein. Tällä valinnalla tosin ajamme ulos paperikartoiltamme. Meillä ei ole GT2 -karttaa, jonka alueelle siirrymme reittimuutoksella. Ellemme löydä jostakin paperikarttaa, täytyy vastaisuudessa pärjätä iPadin kartoilla.

Emme ehdi ajaa kauaa, kun vettä alkaa tulla oikein kunnolla. Matkaa on yli 30 kilometriä, kastumme läpimäriksi. Miten se sadeviitan pukeminen on niin työlästä? Sade sentään loppuukin matkalla ja vaatteet ehtivät jo aika lailla kuivua, mutta uudet sadepilvet lähestyvät kovaa vauhtia. Poljemme niin lujaa kuin jaksamme koko matkan ja viimeisen pätkän Masalaan poljemme vielä kilpaa sadepilvien kanssa. Nopeampaa emme yksinkertaisesti pääse, silti häviämme ja ehdimme kastua taas.

Timon vauhtia lisää kellon lähestyminen seitsemää, jalkapallo-ottelu alkaa. Kaatosateessa karautamme respan eteen niin, että sepelit ropisevat läheisten asuntovaunujen seiniin. Kukaan ei kuulemma varasta pyöriä tämmöisellä säällä, niitä ei tarvitse turhaan jäädä lukitsemaan. Joten Timo loikkaa vauhdissa pyöränsä päältä, syöksyy sisälle sadetta pakoon ja istuu saman tien television ääressä oluttuoppi kädessään. Rahaton, mutta ilmeisen luotettavan ja säälittävän näköinen vettä tippuva jalkapallo- ja olutfani oli myyjälle sanonut maksajan tulevan perästä. Vaikea kuvitella mitään nopeampaa ja päättäväisempää kuin mieheni silloin, kun pitää saada olut ja jalkapallomatsi on juuri alkamassa.

Minä pysäytän Timon pyörän, hoidan kirjautumisen, maksan Timon oluen, vien pyörät mökin terassille ja tavarat mökkiin. Timo nauttii, kun näkee pelin ja saa juoda palauttavan. Minä nautin, kun pääsen suihkuun ja saan kuivat vaatteet päälleni. Levittelen kastuneet vaatteet mökkiin kuivumaan. Mökissä on kaikki tarpeellinen eli sängyt, sähköpatteri, jääkaappi ja pieni televisio. Timo voi siis torkkua myöhäisemmän MM-futismatsin mökissä.

Menen Timon seuraksi ravintolaan. Syömme pizzat, minkä jälkeen väsymys iskee. Nyt pääsemme testaamaan reissua varten hankkimiamme makuupusseja. Kovin ovat pienet, mutta menettelevät. Onneksi on sen verran lämmin, että vetoketjua ei tarvitse yrittää kiinni. Nukahdan taas heti, Timo "katsoo" myöhäismatsin. Herättelen hänet aamuyöllä sulkemaan tohisevan television.

Neljäntenä päivänä ajokilometrejä kertyi 114. Ajoaika oli 6 tuntia 4 minuuttia ja kokonaisaika taukoineen oli noin 8 tuntia. Nousua matkalla oli 183 metriä ja laskua 136 metriä.

Päivä 5 - tiistai 1.7.2014

Halsua, Masalan leirintäalue

Vähän myöhäisempi aamu, sillä ravintola aukeaa vasta kymmeneltä eikä meillä itsellämme ole aamiaistarvikkeita. Mutta mehän olemme joustavia matkaajia, joten emme järkyty tästäkään poikkeavuudesta. Aamu on aurinkoinen ja koska kiva uimaranta on mökin vieressä, käväisen aamu-uinnilla Halsuajärvessä. Tai kastautumassa, vesi on aika kylmää. Jopa lapset pysyttelevät rantahiekalla. Avantouintia harrastaneena astelen tietenkin reippaasti järveen. Ja kuten avantouinnissakin, paras hetki on, kun pääsee vedestä pois. Tunnen itseni terveeksi, virkeäksi, kovakuntoiseksi, nuoreksi, kauniiksi, rikkaaksi ja onnelliseksi. Ihme vaikutus on kyllä kylmällä vedellä.

Pakkailemme kaiken valmiiksi, jotta voimme lähteä matkaan heti aamiaiselta, joka on tällä kertaa vähän vaatimattomampi eli kahvi, ruisleipä ja pulla. Kyllä niilläkin jonkin matkaa ihminen ajaa. Timo on suunnitellut netissä reitin, joka kulkee taas pieniä sivuteitä pitkin. Jäämme jo leirintäalueen risteyksessä ihmettelemään, pitääkö kääntyä oikealle vai vasemmalle. Pysähdymme pientareelle availemaan iPadia ja karttoja. Ei päästy kovin pitkälle. Paikalle kaartaa maasturimies, joka pysäyttää autonsa ja tarjoaa apua. Oletamme herran olevan itse Masalan Masa. Kerromme etsivämme lyhyttä ja miellyttävää pyöräilyreittiä Vimpeliin. Masa neuvoo meille tarkan reitin, jonka kirjoitan ruutuvihkoon muistiin. Kiitämme ja lähdemme osoittamaansa suuntaan vasemmalle.

Hiekkatie kulkee metsän keskellä ja pihojen läpi. Ohjeet olivat kyllä tarkat, mutten saa oikein omasta käsialastani selvää, joten ohjeista huolimatta ajamme sen risteyksen ohi, josta olisi pitänyt kääntyä. Tie muuttuu yksityistieksi. Tien reunassa on kyltti, joka varoittaa vihaisista koirista. Seuraavalla pihalla parin sadan metrin päässä juoksentelee irrallaan kaksi koiraa, joista toinen näyttää dobermannilta. Edellinen koirakokemus on opettanut sen verran, että emme lähde uhmaamaan. Sen sijaan käännymme pistotielle, jonka päässä pariskunta maalailee mökkiään. He neuvovat meille reitin ja ymmärrämme nyt Masan neuvoneen samoin, en vaan osannut tulkita vihkoon piirtämiäni riimuja. Kerromme välttelevämme isoja teitä, vaikka niitä pitkin kokonaismatka olisi paljon lyhyempi ja selkeämpi. Mökkimies sanoo, että kannattaakin ajaa pikkuteitä. Ette emme olisi ikinä heidänkään mökillä käyneet, jos olisimme valinneet nelostien. Oikeassa varmasti oli.

Palaamme siis vähän matkaa takaisin ja vältämme dobermannin kohtaamisen. Tie vie piharakennusten välistä kapealle metsätielle. On niin idyllinen tie ja hieno sää, että juomatauolla Timo parkkeeraa pyöränsä ja heltyy valokuvaamaan välillä minua, yleensähän minä kuvaan. Timon pyörä kiepsahtaa saman tien siististi ylösalaisin ojaan. Ilman Timoa tällä kertaa. Näyttää siltä, että se on sinne oikein aseteltu vaikkapa renkaan korjaamista varten. Timo haluaa sittenkin taas itsekin kuvaan ja menee makaamaan pyöränsä alle.

Todellisista kaatumisista ei ehdi koskaan ottaa kuvaa, joten lavastetaan sitten. Ojanpohjan sammalet ovat märkiä ja mies kastuu, mutta mitäpä sitä ei tekisi kuvaan päästäkseen.

Suosittelen, että hän siinä pyörän alla maatessaan samalla juo juomapullosta, joka on telineessään kiinni ja pysyy. Hankkimamme juomapullosysteemit ovat nimittäin sellaiset, että pulloa ei meinaa saada telineestä irti. Teline imaisee pullon. On helpompaa nostaa pyörä ylösalaisin ja juoda siten kuin saada pullo irti. Ei puhettakaan, että pullon voisi irrottaa ajaessa.

Mukavaa maaseutureittiä jatkamme Vimpeliin, josta löytyy leipomo-konditoria. Ostamme kahvit, sämpylät ja isot lasit raikasta vettä. Istuskelemme konditorian kuumalla terassilla pitkään ja ihailemme Vimpelin kirkkoa ja pesäpalloilijapatsasta. Käymme valokuvaamassa patsaan ja Timon siinä edessä. Timo ei kemiläisenä oikein arvosta pesäpalloa, kemiläiset pelaavat ja arvostavat vain jalkapalloa. Timo yritti tosin aikoinaan kehuskella veljelleni pesistaidoillaankin. Taito-

96

taso paljastui, kun veljeni kysyi, mitä paikkaa Timo oli pelannut. Timo vastasi olleensa antelija. Vanhahko termi. Keskustelu pesäpallosta päättyi silloin siihen.

Suunnittelemme reittiä Alajärvelle iPadin karttojen avulla. Timo tupisee, ettei iPadin navigaattoristakaan kyllä ole mitään hyötyä pyöräillessä, mutta testataan nyt kuitenkin huvikseen. Lähdemme ajamaan Vimpelin keskustasta ja kun Timo kääntyy sivutielle, huutelen, että väärä tie, meidän piti mennä aivan erinimistä tietä pitkin. Timo vaan polkee menemään. Kysyn tauolla olevilta puutarhatyöntekijänuorilta, että pääseekö tätä tietä Alajärvelle. Nuoret vastaavat, että heidän mielestään pitäisi kyllä mennä 68-tien toiselle puolelle.

Saan Timon sentään pysähtymään, mutten uskomaan. Jatkamme siis valitsemallaan tiellä, koska navigaattorineiti niin kehottaa. Minua epäilyttää. Tie kapenee pellonreunuspoluksi. Kuoppia ja soraa on niin paljon, että amalgaamit tippuu kohta hampaista, mutta metsää kohti vaan etenemme. Olemme noin puolivälissä koko matkaamme. Jos tiet alkavat olla tällaisia, olemme ehkä syyskuussa perillä Helsingissä.

Ajamme metsän keskellä useita kilometrejä. Ei kuulu enää mitään liikenteen ääniä, joten emme ole lähelläkään sivilisaatiota. Metsätiet risteilevät ja navigaattorivosu hönkäilee, muka tietäen, mikä tie milloinkin pitää valita. Reitti ei tunnu loppuvan koskaan, mutta iPadista sen sijaan alkaa loppua akku. Mitenkäs sitten valitsemme tiet, jos vosu vaikenee? Melkein alkaa pelottaa. Osaisimmeko edes takaisin? Eikä missään näy yhtään ihmistä. Kaiken lisäksi navigaattorista katoaa yhteys. Se toimii SIM-kortilla ja olemme jo niin korvessa, ettei ole enää kenttää. Sekin vielä. Kiroan navigaattorin ja Timon siinä samalla. Timo saa olla tyytyväinen, että pyöräillessä ei kovin helposti kuule kaverin sanomisia. Mutisen kaikki osaamani kirosanat, ettei alkaisi itkettää. Onneksemme yhteyden katoamisen jälkeen ei tule enää yhtään risteystä ja saavumme lopulta ihmiskulkuneuvoille tarkoitetulle tielle!

Hiekkatie jatkuu päällystetyn tien yli. Navigaattori-vosu on herännyt taas ja kehottaa määrätietoisesti meitä jatkamaan hiekkatietä pitkin. Lausun Timolle pontevasti, että nyt tukit sen navigaattorin syvälle johonkin, esimerkiksi takalaukkuun. Timo on tällä kertaa yllättäen aikalailla samaa mieltä. Kuin enkelinä meitä lähestyy pyöräilijänainen, jolta kysymme järke-vintä reittiä Alajärvelle. Rouva neuvoo auliisti. Kirjoi-tan ohjeensa tarkasti ja tällä kertaa selkokielellä ruutu-vihkoon, siinä yhteys säilyy ja akku kestää. Mukava pelastajarouvamme harrastaa itsekin retkipyöräilyä, joten juttelemme hetken ennen matkan jatkumista.

Voi miten mukavaa on ajaa, kun tietää, minne ajaa ja tiekin on hyvä. Oikein opasteitakin näkee. Paalijärven ja Hoiskon kauniiden kylämaisemien kautta saavum-me Alajärvelle, jossa pysähdymme tutkiskelemaan infotaulua samalla kun haukkaamme vähän evästä. Kello on noin viisi, joten haluaisimme vielä edetä, mutta emme meinaa keksiä yöpymispaikkaa sopivalta etäisyydeltä. Valitsemme lopulta Kuortaneen urheilu-opiston, josta varaamme kakkostason huoneiston.

99

Siirrymme siis taas lännemmäs, mutta matka on kaikesta huolimatta sujunut niin mukavasti, että lisäkilometrit eivät haittaa yhtään. Urheiluopiston respa suljetaan kahdeksalta ja matkaa on viitisenkymmentä kilometriä, joten kiirettä pitää, jos meinaamme siihen ehtiä. Toki avaimet saa myöhemminkin, mutta jalkapallomatsi alkaa taas seitsemältä, joten päätämme edetä rivakasti.

Nyt kyselemme tietä ihmisiltä, koska uskomme taas sen olevan luotettavin keino löytää nopein reitti. Aluksi kokeilimme ajaa keskustassa navigaattorin mukaan ja kiersimme ympyrän. Jatkamme siis kyselemällä. Luulemme jo suunnilleen osaavamme reitin, kunnes taas iskee epävarmuus.

Kysymme siis opastusta kolmen pienen tyttärensä kanssa pyöräilevältä perheenisältä, jonka olimme juuri ohittaneet. Kaveri neuvoo tien, kerromme vähän matkastamme ja kaveri lapsineen jatkaa matkaa. Ohitamme perheen toisen kerran ja kaveri huutaa peräämme, että teiltä putosi jotain. Timon pyörästä putosi sade-

100

suoja. Kiitämme, palaamme hakemaan suojan ja kiin-
nitämme sen paikoilleen. Ohitamme perheen kolman-
nen kerran. Ohitus on pienimuotoinen performanssi,
kun isä huutelee pienille pyöräilijätyttärilleen ohjeita
ja tytöt yrittävät pysyä pyörätien reunassa. Se ei ole
helppoa, sillä on kiinnostavaa tutkailla meitä ohittajia,
jolloin pienten ajajien pyörät pakkaavat kääntymään
katseen suuntaan ja mutkittelemaan. Muistuu mieleen
aika, kun omat kolme lastamme olivat pieniä. Huuta-
malla mekin etenimme silloin pyöräteillä. Siihen ver-
rattuna tämän perheen matka näyttää etenevän varsin
mallikkaasti.

Muutaman sata metriä ehdimme ajaa kovaa vauhtia,
kunnes Timon pyörästä pompsahtaa koko laukku irti
ja putoaa risteykseen. Nyt tulee nauruhepuli. Ei tunnu
erityisen ammattimaiselta tämä pyöräretkeilymme.
Palaamme hakemaan laukun ja perhe lähestyy meitä
taas.

– *Teillä kuorma kevenee aikalailla ennen Helsinkiä.*

– *Olisitpa nähnyt tavaramäärämme Kemistä lähtiessämme.*

Jalkapallomatsi painaa päälle, ei siinä ehdi kuormaa sitomaan, riskillä mennään. Paitsi että nyt on kyllä jo pakko tarkistaa, että kaikki tavarat on kiinnitetty kunnolla. Jatkamme matkaa heti kun naurultamme pystymme. Saavutamme taas perhettä. Tytöt vilkuilevat taakseen ja huutavat isälleen: "Ne tulee taas!". Neljäs ohitus. Ohittaessaan Timo ehdottaa kaverille, että perhe ajaisi perässämme Kuortaneelle ja keräisi putoilevat tavaramme meille. Minä kerron, että meidän oli tarkoitus palata Helsingistä junalla Kemiin, mutta nyt näyttää siltä, että joudumme ajamaan samaa reittiä takaisin ja keräämään pudonneet varusteemme. Kaveri toivottaa nauneskellen hyvää matkaa. Emme huomaa pudottavamme enää mitään, joten emme enää tapaa perhettä.

Pysähdymme matkalla pellon reunaan syömään eväitä. Toteamme Timon jalkapallokatsomosta jääneiden sipsien olevan erinomaista pyöräilyevästä. Suola tuntuu tekevän hyvää, kun päivän hikoilee. Muutama sipsi, rusinoita, hörppy mehua ja taas jaksaa. Ilta viilenee, joten lisäämme vähän vaatteita. Käyn puskassa kyykkypissalla ja säikähdän sieltä ryntäävää rusakkoa vähintään yhtä paljon kuin se säikähtää minua. Lennän melkein selälleni. Rusakko sen sijaan loikkii rivakasti matkaan.

Kuortaneelle laskeudumme nopeusennätyksiä hipovaa hurjaa alamäkeä. On kuitenkin niin pahasti risteys mäen alla, että edes Timo ei uskalla päästellä jarruttelematta. Hyväkuntoiset pyörätiet alkavat hyvissä ajoin ennen Kuortaneen keskustaa. Huomaa, että olemme liikuntapaikkakunnalla.

Matka joutui yllättävän nopeasti kaikesta tavaran pudottelusta huolimatta. Olemme kuin olemmekin urheiluopistolla ennen kahdeksaa. Timo lähtee etsimään kylältä kauppaa, josta voi ostaa matsinkatsomis-

103

sipsit ja palautusoluet. Minä hoitelen sisäänkirjautumiset. Respa on ystävällinen ja juttelemme reissustamme. Hän opastaa, mistä rivitalohuoneistomme löytyy ja missä aamiainen tarjoillaan. Hän kertoo myös, että huoneiston hintaan kuuluu vapaa kuntosalin käyttö. Varmistan, että salilta löytyy kuntopyörä. Meitä molempia naurattaa. Sanon, että emme käyttäisi kuntosalia ja respa sanoo ymmärtävänsä.

Odottelen kaljakuskia opiston edessä nurmikolla ja soitan äidilleni jokailtaisen etappiinpääsypuhelun. Ympäristö tartuttaa urheilullisen olon, joten venyttelen samalla jalkojani aitajuoksijan asennossa, kuten 70-luvulla opetettiin. Liian vähän tulee yleensä venyteltyä, vaikka sen tärkeyden tietää.

Todella jyrkkä ylämäki pitää vielä jaksaa sotkea majapaikkaamme Mäntylään, joka on rivitalohuoneisto, jossa on riittävästi varusteltu keittiö ja sauna! Timo ehtii katsoa loput illan ensimmäisestä MM-futismatsista. Päätämme, että syömme majapaikassa. Minä lähden siis hakemaan kaupasta jotain ruokaa.

104

Helppoa ja mukavaa ajella hissukseen pieni lenkki ilman painavia laukkuja hienoissa kesäiltaisissa maisemissa. Elämä on mukavaa.

Laitan ruuan uuniin saunomisen ajaksi. Sauna tekee hyvää melkoisen jäykille lihaksillemme ja ruuan jälkeen on nautinnollista lössähtää hyvään sänkyyn. Ihanaa, ettei tarvitse lähteä etsimään ravintolaa. Seuraava päivä on ennusteiden mukaan sadepäivä. Koko keskinen Suomi tulee olemaan sateinen, joten koska aiomme pysytellä Suomen rajojen sisäpuolella, emme pääse nyt mitenkään kiertämään saderintamaa. Päätämme miettiä aamulla, pidämmekö välipäivän polkemisesta. Todennäköisesti etenemme ainakin jonkin matkaa. Timo "katsoo" taas myöhemmän MM-matsin sängyltä, minä mittailen elintoimintojani. Toimivat. Nukahdan.

Viidentenä päivänä kilometrejä kertyi 109. Ajoaika oli 5 tuntia 47 minuuttia ja kokonaisaika taukoineen noin 9 tuntia. Nousua matkalla oli 207 metriä ja laskua 248 metriä.

Päivä 6 - keskiviikko 2.7.2014
Kuortaneen urheiluopisto

Sääennusteet osuivat valitettavasti oikeaan. Aamusää on niin harmaa kuin sää voi olla. Aamiaisravintolaan on vain noin sadan metrin kävelymatka, silti kaivan sadeviitan esiin enkä turhaan. Aamiaisella on taas tarjolla kaikkea ja paljon, kuten urheiluopistolla voi kuvitella olevankin. Syömässä on liikunnallisia nuoria, lapsia ja aikuisia salin täydeltä. Vähän kaihoisasti katselen lapsiperheitä ja muistelen taas omaa lapsiperheaikaamme. Melkein tippa tulee silmään, aika kultaa. Vaikka onhan tämä nyt helppoa, ei tarvitse kuin omasta vatsastaan huolehtia.

Urheiluopisto on upealla paikalla Kuortaneenjärven rannalla. Jos olisi parempi sää, olisimme syöneet aamiaisen järvenrantaterassilla. Uimassakin olisi ollut kiva käydä. Ihastelemme hetken järvimaisemaa ja palaamme vatsat pullollaan majapaikkaamme suunnittelemaan sateisen päivän ohjelmaa.

Pohdimme välipäivävaihtoehtoa ja mietimme, mitä tekisimme "vapaapäivänämme". Menisimmekö salille polkemaan kuntopyörää? Päätämme siis jatkaa matkaa ja lähteä sadetta uhmaten kohti Tuuria. Kirjaudumme ulos vasta kahdeltatoista ja ajelemme Kuortaneen keskustaan, josta olin kauppareissullani bongannut kirjakaupan. Jospa sieltä löytyisi puuttuva PyöräilyGT2-kartta. Ei löydy. Sen sijaan Timo löytää itselleen sadeviitan. Kirkkaan keltainen ja heppoinen, mutta parempi kuin ei mitään. Maksaa pari euroa eli on edullinen ja siksi mieluisa.

Asettelemme heijastinliivit pyörälaukkujen päälle, jotta erottuisimme paremmin harmaassa säässä harmaasta tiestä. Sää on ankea, mutta edellä polkevan Timon keltainen sadeviitta pullistuu tuulessa pirteäksi pyöreäksi auringoksi. Jos se olisi valkoinen, Timo muistuttaisi erehdyttävästi heinäpaalia. Onneksi en näe itseäni takaapäin. Oma viittani on musta, jossa on harmaa tribaali selässä. Näyttänen Muumien Möröltä tai Hemulilta hevi-twistillä. Eli varmaan hyvältä.

Käännymme Mäyryssä vilkkaalta route sixtysixiltä kohti Lehtimäkeä ja eteemme avautuu ehkä reissun lohduttomin näky. Harmaata, sataa ja tuulee kylmästi, kapea piennar, vilkas liikenne, pitkä suora, jonka päässä pitkä ja korkea ylämäki. Pitää vaan ajatella, että olosuhteet voisivat olla tylsemmätkin. Voisi sataa räntää ja tie voisi olla sateessa pehmenevä hiekkatie.

Hiekkatielle käännymmekin sitten seuraavaksi, räntää ei sentään ala sataa. Pehmeällä tiellä sateessa ajaminen on semmoista junnaamista, että alkaa jo naurattaa. Pysähdymme oikein ikuistamaan surkeuttamme. Lisään samalla vähän vaatetta, jonka jälkeen olo onkin huomattavasti mukavampi, kun ei sentään palele. Liikennettä ei hiekkatiellä juurikaan ole ja metsän keskellä tuulestakaan ei ole haittaa, joten eipä tämä sittenkään hassumpaa ole. Ajelemme vaan hitaammin, märkähiekkatieajo on eri laji kuin kuiva-asfalttitieajo.

108

Saavumme Töysä-Tuuri -tien risteykseen ja päätämme mennä Tuuriin vähän kuivattelemaan, syömään jotain ja miettimään, mitä teemme seuraavaksi. Olemme käyneet Tuurin ostoskeskuksessa pari kertaa aiemmin asuntovaunun kanssa. Edelleen huvittavasti yllättää, että Keski-Suomen hiljaisesta metsästä putkahdetaan yhtäkkiä keskelle ostoshelvettiä. Vaikka hyvähän se on, että "kyläkaupatkin" menestyvät. Polkupyörillä on sentään huomattavasti helpompaa sompailla sekavan oloisessa kauppakeskusliikenteessä kuin näyttävällä Kabe-Ooppeli -yhdistelmällämme.

Paistaakohan täällä koskaan aurinko? Aina kun olemme olleet Tuurissa, on satanut. Yltääkö Vesan mahti myös säähän? Kun sataa, ihmiset viihtyvät kaupan lämpimässä kuivuudessa pidempään?

Parkkeeraamme pyörät, vettä tulee kaatamalla ja saamme sääliviä katseita. Kaivan kuivia sukkia ja paitoja laukuista. Kahvilassa istahdamme takka-simulaation viereiseen pöytään, kuvittelemme, että se on oikea takka. Sadeviitoista huolimatta olemme

109

melkoisen märkiä. Pitäisi olla joko kunnolliset pyöräilijän sadeviitat tai sateenkestävät irtohihat noiden viittojen kanssa. Ja kengissä pitäisi ehdottomasti olla sadesuojat.

Ostamme kahvit ja voileivät, riisumme litimärät kengät pois ja vaihdamme kuivat sukat jalkaan. En jaksanut sateessa kaivaa laukkuja niin kauaa, että olisin löytänyt Timolle omat tarpeeksi ohuet sukkansa, joten hän saa nyt jalkaansa minun kirkkaanpunaiset yhdenkoon nilkkasukkani. Ovathan ne vähän tyttömäiset, mutta Timon itsetunto kestää ne. Kyllä tämä tästä. Takkakin tuntuu lämmittävän, kun oikein voimakkaasti kuvittelee.

Suunnittelemme seuraavia reittejä iPadin avulla. Minua houkuttaisi asettua yöksi Tuuriin ja jatkaa matkaa huomenna kuivalla säällä. Voisi majoittua hotelliin, käydä suihkussa, kuivatella vaatteet, käydä syömässä ja levätä kuivassa huoneessa. Timo on sitä mieltä, että jatkamme vielä matkaa kohti Ähtäriä, johon minäkin lopulta myönnyn. Käymme kuitenkin ensin katsastamassa Vesan kaupan ja ostamassa puuttuvan Pyöräily GT2-kartan. Jota ei löydy! Luulin, että Keskisellä on kaikkea. Vesa, olen pettynyt!

Reitti Ähtäriin on onneksi kohtalaisen selkeän näköinen, joten oletamme muistavamme sen ilman karttaa. Vettä sataa niin paljon, että iPadia ei voi pitää esillä. Kuivalla säällä se sidotaan mustekaloilla Timon pyörän lepotankoon. Emme luota, että minigrip-pussi riittää pitämään iPadin kuivana ja toimivana, on sen verran huonoa kokemusta nykylaitteiden kosteusherkkyydestä.

Pienen pätkän joudumme ajamaan pitkin vilkasta 18-tietä, jonka jälkeen on helpottavaa kääntyä hiljaisemmalle tielle. Seuraava tie onkin taas lyhyen päällystetyn alkupätkän jälkeen sateessa pehmennyt hiekkatie. Mutta tiellä ei kulje juurikaan autoja. Nyt pyöräily on paljon mukavampaa, miltä oletettavasti näyttää.

Pysähdymme Timon pissatauolle. On helppoa pyöräillä tuon ikäisen miehen kanssa, tulee sopivin väliajoin

111

levähdystaukoja. Nimesimme muutaman vuoden takaisen kahden autokunnan ajomatkamme Porista Kemiin Incontinence Race:ksi. Ohittelimme toisiamme vuorotellen, sillä vähän väliä jonkun piti päästä vessaan tai puskaan ja autokunnan siksi pysähtyä.

Tällä kertaa pitäisi kyllä minunkin käydä, mutta kohdalla ei ole oikein näkösuojaa. Toteamme, että eihän täällä ole näkynyt yhtään autoa tai ihmistä varmaan tuntiin, joten tömistelen mahdolliset käärmeet pakoon ja kyykistyn. Heti kuuluu hurinaa ja tulee kaksi autoa peräkkäin. Tämä onkin näköjään hyvä keino, jos haluaa ihmisapua eikä ketään näy missään.

Reitin varrella on upeannäköinen Iso Liesjärven uimaranta. Pysähdymme ja hetken mietin järvessäkin kastautumista, mutta en sitten kuitenkaan. Sade lakkaa ennen Ähtäriin saapumistamme. Istahdamme keskustassa viraston portaille ihmettelemään, mistä saisimme yösijan. Netti näyttää, että hotelli Mesikämmen on täynnä. Eläinpuiston leirintäalueen puhelut menevät jonoon, josta lentää pienen odottelun jälkeen joka

112

kerta ulos, siihen menee hermo. Netistä löytyy Hanka-niemi B&B, joka on muutaman kilometrin päässä keskustasta. Kysymme ohi kävelevältä paikalliselta herralta tietä sinne. Mies neuvoo ystävällisesti ja monisanaisesti. Reitti vaikuttaa niin helpolta, että osaisimme sinne helposti ilman navigaattoria. Soitan Hankaniemeen ja varaan majoituksen. Siellä ei ole ruokaa tarjolla, mutta sen sijaan siellä on käytettävissä kesäkeittiö. Päätämme siis käydä ruokaostoksilla, ajaa majapaikkaan ja grillata aterian itse.

Ruokaostoksilta lähtiessämme Timo kaivaa kaupan pihalla iPadin esille. Minun mielestäni sitä ei tarvita ja kehotan pitämään sen laukussa, sillä sää on edelleen pilvinen ja vielä saatetaan kastuakin, iPad ja me. Timo ei tietenkään tottele minua. IPad lipeää Timon kynsis-tä ja mäiskähtää asfalttiin. Luon paljonpuhuvan kat-seen Timoon, joka on aika säikähtäneen näköinen. Nyt laite on aivan varmasti entinen. Ipadin romu siis äkkiä laukkuun ja vihapäissään polkemaan pitkin helppoa ja suoraa reittiä Inhantehtaantie 245:een. Huikkaan vastaantulevalle lenkkeilijälle mielestäni retorisen kysymyksen, että onhan tämä Inhantehtaantie. Kaveri vastaa jotain jotenkin epäröivästi, mutta emme oikeastaan edes kuule vastaustaan, vaan jatkamme pahantuulisina määrätietoisesti kovaa vauhtia eteenpäin.

Matkan piti olla vain muutaman kilometrin pituinen. Olemme mielestämme jo ajaneet riittävän pitkästi. Siellä täällä olevien talojen numeroinnit alkavat olla isompia kuin 245, joten huomaamme jälleen kerran eksyneemme. Keskinäinen sananvaihtomme on ollut aika vähäistä iPadin mäiskähdyksen jälkeen, mutta nyt on pakko alkaa kommunikoida myös äänillä.

Kohdalle sattuu onneksi levähdyspaikka ja infotaulu, jota emme millään meinaa ymmärtää. Taulu väittää meidän olevan aivan eri suunnassa, missä itse luulemme olevamme. Kun tarkemmin miettii, taisi se lenkkeilijäkin vastata, että tämä EI ole Inhantehtaantie. Missä se sitten on? Ja missä siis Hankaniemi on? Väsymys sumentaa aivot, vai miten tämä nyt on niin vaikeaa?

Timo kaivaa iPadin esiin, jos se vaikka sattuisikin toimimaan. Ja sattuuhan se! Niin vaan kiva navigaattorineiti meitä taas neuvoo kääntymään kolmen metrin päästä oikealle (=tielle), ajamaan suoraan... En ikinä enää nimittele kyseistä neitiä vosuksi.

Ajamme vähän matkaa, kunnes navigaattori käskee meidän kääntyä vasemmalle. Ongelmana vaan on, että vasemmalle ei käänny tietä? Kun tarkemmin tutkimme, löydämme metsään johtavan polun pään taipuneiden oksien peitosta. Mietimme hetken, mutta uskomme sitten neitiä ja käännymme polulle.

Timo tulkitsee kartasta, että jos vähän matkan päästä ylitämme puron, olemme oikealla "tiellä". Polun alussa on pari isoa höyryävää paskakasaa. Karhun? Nyt minä vasta epäröinkin, mutta ei auta. Ellemme mene tätä oikotietä, matka on useita kilometrejä pidempi. Kello on jo yli kahdeksan, hämärtää ja sadekin roikkuu taas niskan tuntumassa. Ja on nälkä. Polku kapenee, ajo menee trialiksi, mutta ylitämme puron! Vaikka polku on jo niin kapea ja kivinen, että sillä

115

juuri ja juuri voi ajaa raskaasti lastatuilla retkipyöril-
lämme, ilahdun suunnattomasti. Ehkä vielä löydämme
Hankaniemenkin!

Polku muuttuu metsätieksi, jota on suorastaan hyvä
ajella. Höpöttelen hermostuksissani taukoamatta niitä
näitä kovaan ääneen karhuja karkottaakseni. Juuri kun
Timo pääsee sanomasta, että täällä ei ainakaan ole
muita ihmisiä, vastaan tulee paikallinen pyörälenkkei-
lijämies. Ilahdumme, pysähdymme ja vaihdamme
pyöräilykokemuksia. Pieni epäilys tosin hiipii taas,
olemmeko sittenkin vielä väärällä tiellä, sillä mies ei
tiedä, missä Hankaniemi on, saati että siellä olisi ma-
joitustoimintaa.

Jatkamme matkaa, vettä alkaa taas ripsiä, mutta tup-
sahdamme lopulta asfalttitielle ja iloksemme löydäm-
me kuin löydämmekin Hankaniemi B&B:n Hanka-
veden rannalta. Voi tätä ilon päivää! Navigaattorineiti
saa kaikki aiemmat ajattamisensa minulta anteeksi.

Hankaniemen emäntä sanoo jo luulleensa, ettemme tulekaan. Kerromme eksyneemme, mitä emäntä ihmettelee, sillä reitti Ähtärin keskustasta on niin suora ja helppo. Niinhän sen piti olla.

Olemme paikan ainoat asiakkaat, joten kesäkeittiö on kokonaan meidän käytettävissämme. Majoitumme riviaitan yhteen huoneeseen, jossa on ihanan hämyinen tunnelma. Lämmitystä ja eristyksiä siellä ei ole, joten näin kylmähkön alkukesän sateisen päivän jälkeen huone on vähän viileä. Nukkumista viileys ei haittaa, nukumme mieluummin ja paremmin viileässä kuin liian lämpimässä. Aitassa on sitä paitsi runsaasti peittoja ja onhan meillä ne omat pienen pienet makuupussitkin. Aittaan on jätetty näkyviin ikivanhat sähköjohdot, jotka huvittavat ja kiinnostavat kovasti sähköteknikko-Kinnusta. Niitä oikein kuvataan muistoksi.

Pyörälaukut eivät ole pitäneet kunnolla sadetta, joten levitämme kaikki kostuneet vaatteemme pitkin huonetta, eivätköhän ne ainakin vähän kuivahda. Suihku, kuivat ja lämpimät vaatteet ja villasukat tuntuvat tai-

117

vaallisilta. Villasukat ovatkin yksi tärkeimmistä reissulle mukaan otettavista mukavuuksista. Tällaisessa majoituksessa, jossa vessat, suihkut ja ruokapaikat ovat eri rakennuksissa ja ravaamme siksi paljon ulkona, crocsit tai köyhän miehen vastaavat olisivat kätevät. Ne olisi helppo työntää jalkaan ja pois. Sade ei niitä haittaa, joten niitä voisi kuljettaa vaikka pyörälaukkujen päälle sidottuna, kuten Saksan pojalla oli. Eivät veisi tilaa laukuista ja siitä ne saisi tauoillakin nopeasti jalkaan, jos pyöräkengillä lonksuttelu on jossain tilanteessa liian vaikeaa.

Kesäkeittiö on katos, jossa on harvahkot seinät kolmella sivulla ja yllättävän hyvä varustelu – kaikki grillaukseen tarvittava löytyy. Tilan keskellä on iso avonainen tulisija, johon Timo virittelee kunnon tulen. Siirrämme pöydän penkkeineen aivan tulen viereen, jotta on varmasti lämmin. Meillä on mukana piknik-reppu, jossa on vakiosisältönä ruudullinen kankainen pöytäliina ja astiat kahdelle. Onnittelemme itseämme, että huomasimme ottaa repun varusteineen reissulle mukaan. Levitän liinan, katan pöydän ja Timo grillaa

118

ruuan. Viini puuttuu, mutta palautusoluet sentään on, illallinen tulen ääressä on täydellinen.

Majatalon ystävällinen emäntä kerää toistametriselle lemmikkiliskolleen iltapalaksi voikukan lehtiä ja käy samalla tarkistamassa, että meillä on kaikki hyvin. Hän kertoo päättävänsä aamun sään mukaan, mihin kattaa aamiaisen. Jos on lämmin, aamiainen voi olla pihan huvimajassa tai kesäkeittiössä, mutta jos sataa tai on kylmä, se on aitassa.

Makuuaitassa on pieni televisio, mutta MM-kisoissa on välipäivä eivätkä muut ohjelmat jaksa kiinnostaa. Luen hetken facebookia ja kirjaa Timon jo kuorsatessa. En ehdi monta sivua lukea minäkään.

Kuudentena päivänä ajokilometrejä kertyi vain 74, toki sekin on parempi kuin välipäivä. Ajoaika oli 4 tuntia 50 minuuttia ja kokonaisaika pitkine taukoineen ja eksymisineen noin 8 tuntia. Nousua matkalla oli 231 metriä ja laskua 149 metriä. Ilmankos tuntuikin, että ajoimme koko ajan ylämäkeen.

Päivä 7 - torstai 3.7.2014
Ähtäri, Hankaniemen tila

Aamulla sade on lakannut, mutta on vielä vähän vii-leää ja pilvistä. Aamiainen on tarjolla viereisessä museoaitassa. Pöydän yläpuolella olevat infrapunalämmittimet ja sisustuksen vanhat esineet tekevät tilan lämpimäksi ja kodikkaaksi. Mieluisaa katseltavaa riittää. Aamiainen on runsas ja maukas aromipesäpuuroineen. Ja emäntä on tehnyt meille voipaperiin kääprityt eväsleivätkin!

Hartaasti syötyämme käymme vielä ihastelemassa hienosti hoidettua pihapiiriä rantoineen. Emäntä kertoilee Hankaniemen pitkästä historiasta Suomen sodan ajoilta lähtien ja aiheeseen liittyvästä kesäteatteritoiminnasta. Pyöriä pakatessamme pilvet alkavat kaikota ja aurinko lämmittää. Oli hyvä päätös siirtää reittiämme länteen, sillä idempänä kuulemma sataa.

Sortsiasuisina lähdemme auringonpaisteessa ja tuntuvassa myötätuulessa polkemaan kohti Mänttää.

Kovin on tasamaahan tottuneelle kemiläiselle mäkistä maastoa näillä seuduilla, varsinkin pikkuteillä. Keveimmätkin vaihteet ovat kovassa käytössä. On todella onni, että valitsin reissupyöräkseni 21-vaihteisen, Crescentissäni olisivat vaihteet loppuneet auttamattomasti kesken. Aamujähmeänä ja laiskasti lyövällä pumpulla pitää heti alkumatkasta sotkea Fiskarsin Inhan tehtaan viereisen jyrkän mäen päälle. Tiukkaa tekee, mutta pääsen kuin pääsenkin polkemalla ylös asti. Timo tietenkin pääsee.

Tarkkailen sykkeitäni etenkin ylämäissä, kun tuntuu, että ei kerta kaikkiaan enää meinaa jaksaa. Koska pumppu kuitenkin näyttää hoitavan työnsä, niin kai loppukropankin on jaksettava, poljen siis sisulla. Aika tiuhaan sydän joutuu välillä läpättämään, mutta onneksi syke palautuukin melko nopeasti. Yleensä ylämäen jälkeen voi sentään levähtää.

121

Timolla ylämäet sujuvat helpommin. Tai ainakin hän väittää niin. Timo on aina yhtä säikähtäneen näköinen, jos näkee minut mäen päälle päästyään edelleen peesissään. Peesissä on muuten helpompi ja keveämpi ajaa, mutta jos edellä ajava tekee äkkipysähdyksiä tai -käännöksiä, tulee vaaratilanteita. Meillä on etenkin ylämäkiä lähestyttäessä aivan erilainen ajotaktiikka, jolloin peesaus hankaloittaa ajoa. Siksi päätänkin ennen seuraavaa ylämäkeä jättää tahallaan vähän välimatkaa, jotta voin vintata mäen päälle omaa tahtiani. Kun päätän edetä tällä taktiikalla ensimmäistä kertaa, Timo vilkaisee valitettavasti juuri silloin mäen alla taakseen ja ihmettelee, miksi jään.

- *Onko sulla jotaki vaikeuksia?*
- *Ei oo, anna mennä vaan, tahallaan jään!*
- *Mitää?*
- *Mene, mene!*

Yritän huitomalla saada Timon jatkamaan matkaansa.

- *Miks sää sitten jäät?*
- *No nyt se jää oottaan, voi perkele,* mutisen.

– *Mikä on?*

– *Ei mikkään! Yritin tahallaan jättäytyä ennen ylämäkiä. Meilä on niin erillainen nousutapa.*

Piti oikein pysähtyä mäen alle tästä keskustelemaan.

– *Miten nii? Sää et vaan pysy vauhisa.*

– *Sää ajat vauhila mäen alle, josa melekeen pysähyt ja vaihat kerralla pienen vaihteen pääle ja sitten lähet sotkeen tuhat kierrosta minuutisa. Jos mää tuun siinä ihan peesisä normaalivauhtia, mää jouvun yllättäin tekkeen paniikkijarrutuksen ja pysähtyyn. Mulla on raskas vaihe päälä ja jouvun hakkeen keviämpää ja alakaa vinttaamaan. Emmää jaksa sotkia niin nopiasti, mulla loppuu sitten vauhti kokonnaan. Mun pittää saaha ottaa pitkä ja kova vauhti ja vaihtaa ylämäesä vaihe kerrallaan pikku hiljaa keviämmäksi.*

– *Sää ajat väärin. Runttaat raskaala vaihteela väkisin ja kohta on vaihteet paskana.*

– Emmää runttaa, mää vaihan hyvin sujuvasti. Mää pystyn polokeen keviästi raskaalaki vaihteela, kun saan pittää tasasen vauhin enkä jouvu pysähtelleen ja kiihyttelleen. Älä ala mua neuvoon pyörälä ajamisesa, ite ajat väärin! Luulet vaan meneväs lujjaa, ku poljet nopiasti. Et huomaa, että oot melekeen pysähyksisä. Varo, ettet kaaju ku poljet paikallaan, kengätkin on varmasti polokimisa kiini.

– Meikäläiselä on niin räjähtävä noppeus, että äkkiä oon kovasa vauhisa keviäläki vaihteela.

– Sulkapalloilijat onki formula-tyyppiä. Mää oon dieseli. Hittaasti kiihyn. Just siks mää jään susta tahallaan jäläkeen ennen ylämäkiä, että voin aijjaa ommaa tahtia ylös. Oota sitten mäen päälä, jos en saa sua kiini.

– Pitäs olla taustapeili, Varsinki kapiapientareisila teilä on hankala katella taakse.

– No kuhan muutaman kerran päiväsä katot, että oon ainaki välilä peesisä. Huuan sitten, jos en saa kiini.

Kun ylämäkiajotekniikka on saatu neuvoteltua, jatkamme matkaa. Haapamäelle saavuttaessa sää on jo lähes helteinen, pysähdymme viihtyisän näköiseen Café Raijaan kahvittelemaan ja syömään jotain pientä. Kahvilan rouva huudahtaa heti sisään astuessamme, että sieltähän tulee reippaan näköistä porukkaa. Vastaamme, ettemme ole vain reippaan näköisiä vaan myös olemme reippaita. Ja niin pääsemme taas mielellämme ja vuolaasti kertomaan uudelle uhrille matkastamme.

Nautimme herkulliset ostoksemme terassilla. Haapamäen keskusta on meistä tasamaan asukeista hauskan mäkinen. Seurailemme hetken haapamäkeläisten torstaipäivää ja jatkamme matkaa. Emme pääse montakaan kymmentä metriä, kun Timolta putoaa kypärä ja vierii pyörätien viereiselle pihalle. Ei sentään päästä pudonnut, tällä kertaa se oli unohtunut laittaa päähän ja se oli pyörälaukkujen päällä irrallaan. Ajolasithan jäävät siihen tämän tästä, kypärän jääminen on ensimmäinen kerta.

Ajelemme hissukseen ja hyvällä mielellä läpi kauniin, aurinkoisen ja lämpimän Haapamäen. Tutkailen reitin varrelle osuvaa Veturipuistoa. Ihmettelen Timon kiihtyvää vauhtia ja huutelen, että mikä kiire, katsellaan rauhassa. Yhtäkkiä Timo kuitenkin lähtee sutimaan hurjaa vauhtia kohti metsäteitä ja huutaa jotain, mistä en saa selvää. Jään vauhdista ja huutelen perään, että mies minua odottaisi. Olen metsässä jo monta tienhaaraa jäljessä ja valitsen arpomalla tiet. Välillä näen Timon pään vilahtelevan puiden välissä. Kinnusen onneksi valitsen risteyksissä oikein ja saavutan hänet isolla tiellä. Kihisen raivosta.

– *Voi vittu, mitä sää oikein ajattelit, mikset sää oottanu, vaikka mää huusin monta kertaa??*
– *Rauhotu, sulla on naamaki aivan punanen.*
– *No vittu, nyt palo taulu, oli just oikein seesteinen olo ja kiva ajella hiljakseen ja katella maisemia, nii yhtäkkiä jannu lähtee painaan nii ettei peräsä pysy. Ihime*

126

singahtelija! Eksää kuullu, ku mää huusin??

– *Kuulin, muttako akku meinas loppua..*

– *Tajuaksää, että mää hittaana ihimisenä jäin monta risteystä jäläkeen? Määhän oisin voinu kääntyä väärään suuntaan, jos en ois näin terävä! Perkele!*

– *Nyt pittää rauhottua. Oli pakko ajjaa lujjaa ennenku akku loppuu, muuten ois eksyny.*

– *Yritit jättää mut sinne veturimuseoon!. Sulle se ois parempi loppusijotuspaikka, vanha veeärräläinen!*

– *En kai mää nyt sua jättäis.*

– *Oot yrittäny ennenki. Sillonki yritit jättää huoltoasemale, ku oltiin menosa Ylläksele.*

– *Emmää sillon huomannu, ettet oo autosa.*

– *Mun paikka oli sentään etupenkilä! Jos ei ois lapset takapenkiltä kysyny itku kurkusa, että miks me lähetään, ku äiti ei oo kyytisä, niin sinne oisin jääny Teboilile.*

– *No se oli vahinko ja vanha juttuki jo.*

– *En unoha ikinä.*

Kiukku laantuu pikku hiljaa ja jatkamme kohti Vilp-
pulaa. Akku pihisee vielä vähän iPadissa, Timo on
navigaattorin lumoissa, tuijottaa sitä herkeämättä
ajaessaan ja kehuu:

– *Tää on kyllä sittenki hyvä laite, nytki tästä
näkkee, että tuosa oikeala puolela on järvi.*
– *Sen näkkee kyllä myös, jos nostaa vähän
päätä ja kattoo oikiale.*
– *Ai nii. Mutta tästä näkkee sen nimenki.*
– *Nimi luki kyltisä, joka just ohitettiin.*
– *Ai jaa, en huomannu.*
– *Miksikäköhän?*
– *Nyt se akku loppu. Nyt tästä näkkee kivasti
koko ajan oman naaman, ku näyttö pimenee.*
– *No se ois kyllä kiva! Just sitä oon kaivan-
nukki, että näkisin ajaessa koko ajan oman
punahikisen naamani.*

Kolhoa lähestyessämme tuuli yltyy ja mustanlaisia
pilviä kerääntyy taivaalle. Ajamme nopeasti kylän-

raitin läpi, vettä alkaa ripsiä. Pysähdymme pakatak-
semme iPadin ja puhelimet sateelta suojaan. Kolho on
todella kauniilla kahden vesistön välisellä kannak-
sella. Juuri läpi ajamastamme raitista jäi molemmille
jotenkin sergioleonemainen tunnelma. Tien varrella
oli useita autioita ja vähän ränsistyneitä saluunamaisia
rakennuksia. Emme olisi ihmetelleet, jos kovassa
tuulessa vastaan olisi pyörinyt takiaispalloja. Ennio
Morricone soi päässä. Hyvät, pahat ja rumat olisivat
ihan hyvin voineet kävellä vastaan. Eivät kävelleet.

Sen sijaan luoksemme pyöräilee mies, joka kertoo
nähneensä meidät istuessaan Kolorado-saluunan teras-
silla ja lähteneensä peräämme kuullakseen, mistä
tulemme ja mihin olemme menossa. Juttelemme jon-
kin aikaa, kunnes tuuli yltyy todella kovaksi ukkos-
puuskamaiseksi ja vettä sataa enemmän. Onneksi
ukkonen ei kuitenkaan nouse.

Mies palaa takaisin kylään ja me menemme puun alle
sateelta suojaan, mutta sadettakaan ei tule muutamaa
pisaraa enempää ja tuuli laantuu normaaliksi. Ennen

kuin jatkamme matkaa, Timo ajelee hiljalleen edestakaisin ja katselee ympärilleen. Ajelee niin hiljalleen, että kaatuu lopulta, kun ei muista irrottaa kenkiään polkimista. Neljäs kerta. Ei meinaa mies oppia. Ei kuitenkaan yleisöä eikä fyysisiä vaurioita tällä kertaa.

Ajamme Vilppulaan, josta päätämme jatkaa vielä Mänttään, josta toivomme löytävämme yösijan. Mäntässä kiinnostaisivat kovasti Serlachiuksen museot, mutta olemme nyt alustavasti sopineet lastemme kanssa, että olisimme Helsingissä sunnuntaina. Lapset ovat ottaneet meitä varten maanantain ja tiistain vapaapäiviksi. Siksi ei ole oikein enää varaa venyttää aikataulua ylimääräisellä ohjelmalla. Nyt vaan poljetaan ja nähtävyydet katsotaan seuraavassa jaksossa.

Mänttäläisiltä kyselemällä löydämme keskustasta viihtyisän Hotel Alexanderin, josta saamme huoneen. Normaalit saapumistoimet eli suihkuun, hajuttomampaa päälle, hetki lepoa ja kaupungille etsimään ruokapaikkaa.

Torstai-illan paperiteollisuuskaupunki Mänttä näyttää torstai-illan paperiteollisuuskaupunki Kemiltä. Ihmisiä ei näy juurikaan ulkosalla, baarissa on sentään jonkun verran nuorisoa. Syömme terassilla kanakorit palautusoluen kanssa. Riehaannumme nauttimaan toisetkin oluet samaisen pubin sisätiloissa, koska näyttää, että siellä alkaa karaoke. Jos vaikka luikauttaisi yhden biisin. Ei ala karaoke oluen aikana, joten lannistumme ja lähdemme hotellille. Kävellessämme ihmettelemme kirkkoa, joka on hunnutettu ulkopuolelta yltympäriinsä kankaanriekaleilla. Kuulin Mänttään saapuessamme jonkun paikallisenkin sitä taivastelevan, kuten kirkkoa sopii. Tuossa tilataideteoksessa saisimme omatkin hikivarusteemme kuivatettua.

MM-jalkapallossa on toinen peräkkäinen välipäivä, joten Timokin voi laittautua ajoissa nukkumaan.

Seitsemäntenä päivänä ajokilometrejä kertyi 82. Ajoaika oli 4 tuntia 50 minuuttia ja kokonaisaika taukoineen noin 7 tuntia. Nousua matkalla oli 238 metriä ja laskua 293 metriä. Ähtäri on korkealla.

131

Päivä 8 - perjantai 4.7.2014

Mänttä, Hotel Alexander

Aina vaan yhtä ihanaa nousta valmiiseen herkulliseen aamiaispöytään, syödä nautiskellen ja mietiskellä päivän ajosuunta. Tänään mietiskelyn tuloksena on optimistisesti Pälkäne, vaikka sinne on reilusti yli 100 km. Sää näyttää erittäin hyvältä, joten on hyvinkin mahdollista päätyä tänään sinne. Katsomme sitten matkan aikana, miltä näyttää ja tuntuu ja mistä voisimme saada yöpaikan. Aamiaisravintolan vieressä on kivannäköinen pieni putiikkinurkka, jossa olisi kaikenlaista ostettavaa, mutta onneksi pyörälaukut ovat niin täynnä, ettei tarvitse edes katsella tuotteita.

Ihmeellisesti joka-aamuiseen laukkujen pakkaamiseenkin saa tuhraantumaan aika, vaikka luulisi sen käyvän helposti - sen kun vaan latoo kaikki omat tavaransa laukkuihin. Pitää kuitenkin aina vähän miettiä, mitä muita vaatteita voi päivän aikana tarvita kuin päälle puettavat ja pakata ne niin, että ne löytyvät tarvittaessa helposti. Ja koska laukut ovat aivan täynnä, pitää pakata huolellisesti, jotta kaikki mahtuu mukaan. Silti käy yleensä niin, että jos matkalla jotain laukusta tarvitsee, se on alimmaisena jälkimmäiseksi kaivettavassa laukussa. Eväät sentään ovat aina tarakalla olevassa repussa helposti löydettävissä.

Aamun pilvet väistyvät pian ja päivä lämpenee kuumemmaksi kuin tähänastiset pyöräilypäivät. Viikonlopuksi on lupeissa helteitä. Ajelemme aamupäivän 58-tietä myötäillen, välillä koukkaillen pienemmille teille, vaikkei 58-tiekään kovin vilkas ole. Käännymme tielle, joka vie Orivedelle Kopsamon kylän ja Juupajoen kirkon kautta.

Merilappilainen ihminen on tottunut siihen, että ylämäen jälkeen tulee aina alamäki. Sisäsuomalaisilla on näköjään eri säännöt. Ylämäen jälkeen tulee usein uusi ylämäki, jonka kaltevuusaste vaan on eri. Juupajoella vastaan tulee huipennus, pystysuora ylämäki.

133

Timo sutii senkin ylös asti ja oli jopa irrottanut kengät poljinlukoista siltä varalta, että vauhti loppuu (siis oppiiko sittenkin?). Minä olisin tarvinnut ainakin kilometrin kiihdytyksen ennen mäkeä, jotta olisi toivoakaan päästä ajamalla päälle asti. Joudun pysähtymäänkin mäen alla – tällä kertaa syy ei ole Timon - joten ei mitään mahdollisuutta nousta polkemalla. Vastaan kävelevä paikallinen nuori poika yrittää kyllä kannustaa huutamalla: "Polokee, polokee!" Naurattaa pojallakin, arvannee, ettei tule tädillä onnistumaan. Juuri ja juuri saan taluttamalla puuskutettua pyörän laukkuineen mäen päälle. Tuntuu koko ajan, että pyörä lentää takapainoisena selälleen. Mahtaa olla kopsamolaisilla kova kunto, kun kulkevat päivittäin noin mäkistä maastoa. Ja hyvät autot. Meidän autoillamme ei ehkä pääsisi mäen päälle.

Pysähdyn mäen päälle valokuvaamaan idyllistä kylämaisemaa, videoimaan tuntemuksia ja tasaamaan pumppua. Timoa ei näy missään, hän on jatkanut matkaansa, mutta tällä kertaa onneksi tiedän, minne päin olemme menossa. Ja löytyyhän se Timokin vähän

134

matkan päästä minua odottelemasta. Pysähdymme vielä valokuvaamaan Juupajoen komeaa puukirkkoa. Ikä on tehnyt tehtävänsä, kirkot kiinnostavat. Vuoden 1981 pyöräreissultamme ei ole yhtään kirkon kuvaa.

Timo jää tutkimaan huolestuttavasti rusahtelevaa pyöräänsä, minä painan tällä kertaa ohi ja huudan odottavani ylämäen päällä. Onneksi Timo saa pyöränsä paukkeen loppumaan öljyllä, sillä nyt harmittaisi todella kovasti, jos joutuisimme keskeyttämään reissun, on tämä niin mukavaa.

Juupajoella matkan varrelle osuu ilahduttavasti uimaranta, jossa on juuri alkamassa lasten uimakoulu, mutta sekaan kuulemma mahtuu. Timo kuivanmaanmiehenä menee laiturille syömään eväitä ja minä kahlaan uimaan melko viileään veteen. Pieni uimakoululaispoika väittää veden olevan kuumaa, mutta ei se kyllä ole. Lapset polskivat pitkään ja iloisesti, minä uin muutaman vedon ja virkistyn niistä riittävästi. Liityn Timon seuraan syömään ja nauttimaan perikesäisestä järvimaisemasta.

135

Orivettä lähestyessämme alan tosissaan väsähtää jatkuviin ylämäkiin. Ilmeisesti energiat alkavat loppua. Juominen auttaa vähän, mutta nyt tuntuu, että pitää päästä syömään jotain. Istuskelemme siis pitkään Oriveden keskustan konditorian terassilla kahvilla, limsalla ja piirakalla. Elämä alkaa voittaa ja ilo ja voimat palata.

Selvittelemme samalla seuraavaa yöpaikkaa. Kello on noin neljä, mielellään ajaisimme vielä ainakin pari tuntia. Aamuinen suunnitelmamme ajaa Pälkäneelle kariutuu, sillä emme löydä sieltä päin majoitusta. Perjantai-ilta, helteinen heinäkuun viikonloppu edessä, saattaa olla vaikeaa löytää yösija. Orivedeltä emme kysele, sillä haluamme vielä edetä tänään. Seitsemältä alkaa taas MM-jalkapallo-ottelu, jota Timo haluaa ehtiä katsomaan. Soitan lopulta 020202:een tiedustellakseni majoitusmahdollisuuksia Tampereelta päin. Keskustasta löytyy hyvältä kuulostava vapaa hotellihuone, otamme sen. Myös varauksen voi tehdä samalla, mikä ilahduttaa väsynyttä matkailijaa.

Suunnittelemme parasta reittiä ja toteamme, että on oikeastaan pakko ajaa E63-tietä pitkin, muut reitit ovat sen verran pidempiä, ettemme jaksa enää tänään. Tai ehkä jaksaisimme, mutta se jalkapallo... Pikku hiljaa älyämme, että nyt tulee tehtyä ehkä reissun tyhmin koukkaus. Joudumme ajamaan nelisenkymmentä kilometriä pitkin todella vilkasta E63:a ja Tampereelta on suunnilleen sama matka pyöräillä Helsinkiin kuin Orivedeltä! Olisimme yhtä hyvin voineet yöpyä Orivedellä, sieltä olisi varmasti löytynyt joku vapaa huone tai mökki. Kunnollinen lepotauko tankkauksineen sentään teki hyvää ja voimat palautuivat, joten ei kun tulta päin vaan, pyöräilemäänhän tänne on lähdetty! Jalkapallomatsin alkuun on enää reilut kaksi tuntia, joten lujaa pitää ajaa.

Navigaattori opastaa meille lyhyimmän reitin. Ajamme läpi metsäisen ja mäkisen puiston ja kun putkahdamme metsästä E63:lle, on itku lähellä. Tie näyttää perjantain töistälähtöruuhkan aikaan aivan hirveältä kaikkien pikkuteiden jälkeen. Tuntuu aivan mahdottomalta, että tuota pitkin voi pyöräillä neljä-

137

kymmentä kilometriä, tie näyttää moottoritieltä. Piennar on onneksi sentään leveä. Tiukkaa tekee päästä tien yli oikealle puolelle. Vähän matkan päässä on onneksi taas pelastava ABC-asema, jonka pihalle haluan pysähtyä hengähtämään. Muistinkohan hengittää ollenkaan ajaessani, sen verran jännitti ja pelotti?

Timo käy ostamassa juomaa huoltoasemalta, on niin kuuma, että juomaa menee paljon enemmän kuin edellisinä päivinä. Liikenne vähenee ehkä vähän tai sitten formularadalla ajamiseenkin tottuu. Autojen vauhti tarttuu ja tulee poljettua kohtuullisen lujaa. Pyydän vähän väliä Timoa tarkistamaan mittaristaan, kuinka pitkästi matkaa on vielä jäljellä. Pysähdymme muutaman kerran pikaisesti juomaan, sillä haluamme tältä tieltä nopeasti pois ja se iänikuinen jalkapallokin painaa taas päälle. Onneksi pyörätiet alkavat jo reilut kymmenen kilometriä ennen Tamperetta, joten voimme taas alkaa hengittää ajaessakin.

Kello on noin kahdeksan, kun saavumme Tampereen keskustaan. Timo puikkelehtii liikenteen seassa

138

paniikkivauhtia, jalkapallomatsi on jo pitkällä menossa! Oletan navigaattorin neuvovan Timoa, koska hän etenee niin määrätietoisen oloisesti. Saan hänet kiinni Yliopistonkadun liikennevaloissa, jossa Timo kysyy minulta, missä on Yliopistonkatu. Sanon, että tässä. Siis tämä, jota olemme juuri ylittämässä. Timo ei ehdi kuuntelemaan tai ajattelemaan, vaan singahtaa lasittunein katsein jatkamaan nopeasti matkaa eteenpäin yli kadun heti kun valot vaihtuvat. Alamäkeen reipasta vauhtia, jarrutus, U-käännös ja samaa vauhtia takaisin. Melkoinen häsyvaihde on nyt miehellä päällä. Onneksi hän on sentään irrottanut lukkopolkimensa.

Minä tuskastun poukkoilemaan perässä ja kysyn vastaan tulevalta pariskunnalta, missä on Holiday Inn ja he neuvovat. Hotelli on Yliopistonkadulla. Luon Timoon merkitsevän katseen. Navigaattorin yhteys kuulemma pätki, siksi singahtelu. Taisi pätkiä joku muukin yhteys.

Ajamme pyörät hotellin parkkihalliin ja asetumme taloksi. Timo ehtii näkemään jalkapallo-ottelun lopun. Minä siistiydyn, venyttelen vähän, lepäilen ja hoitelen suhteita lähimmäisiimme puhelimella ja facebookilla. Käymme meksikolaisessa ravintolassa syömässä ja yritämme ostaa kaupasta Timolle matsinkatsomisoluet. Eihän niitä enää meille myydä, sillä kello on jo puoli yksitoista. Nyt ei ole Timolla itku kaukana. Katsoo hän sentään illan toisen MM-matsin. Ilman olutta! En tiennytkään, että mies voi katsoa jalkapalloa televisiosta ilman olutta! Aina oppii uutta.

Kahdeksantena päivänä ajokilometrejä kertyi 97. Ajoaika oli 5 tuntia 58 minuuttia ja kokonaisaika taukoineen noin 10 tuntia. Nousua matkalla oli 415 metriä ja laskua 414 metriä.

Päivä 9 - lauantai 5.7.2014
Tampere, Holiday Inn

Tuli kyllä taas syötyä niin tuhti aamiainen, että palaamme huoneeseemme vyöryttelemällä. Juuri ja juuri jaksamme lähteä pyöräilemään. Hämeenlinnaa kohti kuitenkin suuntaamme. Aamu on aurinkoinen ja taas lämpimin tähän asti. Tulee kuuma päivä, pitää varata paljon juotavaa. Lähdemme Lempäälää kohti, reitti vie kivasti asuinalueiden ja puistojen läpi, matka tuntuu silloin aina jotenkin lyhyemmältä. Joka-aamuiset käynnistysvaikeudet, täydet vatsat, lämmin auringonpaiste ja muutamat ylämäet tekevät etenemisestä kuitenkin hidasta ja juomataukoja on pidettävä tiuhaan.

Lempäälän Ideaparkin ohitettuamme pysähdymme vilttitauolle. Keskustelumme yksinkertaistuvat päivä päivältä. Tällä kertaa mietimme, kuinka kauan kestää,

että banaaninkuori maatuu maastossa. Että onko tör-
keää heittää kuoret luontoon. Maatuvatko ne nopeam-
min, jos ne repii pienemmiksi palasiksi? Mitähän me
keskustelisimme, jos pyöräilisimme esimerkiksi neljä
viikkoa, kuten se Saksan poika?

Taivastelimme moottoripyöräsaattuetta, joka oli vähän
aiemmin ohittanut meidät. Yhden peräkärry oli ruu-
misarkun muotoinen. Pohdiskelimme sitä. Ensin olim-
me sitä mieltä, että se oli lapsellinen ja mauton, mutta
sitten jäimme miettimään, että mitä jos se olikin oikea
ruumisarkku. Jos kyseessä olikin hautajaissaattue?
Totesin saattueen kääntyneen Ideaparkiin ja että siellä-
hän on kaikkea, varmaan kappelikin. Timo ihmetteli,
että onko Ideapark tässä jossakin lähistöllä. Koh-
tuullisen iso rakennuskompleksi on kyseessä, sijaitsee
aivan tien vieressä ja opasteitakin oli melko paljon
matkamme varrella. Mutta kun Timolla on se iPad
siinä ohjaustangossa, niin ei ollut sitten havainnut...
Välillä mietityttää, kuinka vaarallista sen iPadin neu-
vottavana oikein onkaan pyöräillä.

Alkaa tuntua, ettei tämä Tampereen keikka ehkä hullumpi ollutkaan. Jos jutut ovatkin huonoja, niin tiet ovat hyviä, mukavia ja pääasiassa päällystettyjä. Ylämäkiäkin on, mutta ne ovat loivempia kuin hiekkateillä. Asfalttiteitä on usein leikattu matalammiksi. Aivan naurattaa niiden helppous. Ilma on todella lämmin, joten juomaa ja suolaista syötävää kaipaa enemmän kuin aikaisempina päivinä. Välillä mehu ja vesi loppuvat ja täytämme juomapullot limsalla. Ajon hölskeessä hapot paisuttavat pulloja, jolloin niitä ei saa enää mitenkään irti telineistä. Tajuamme sentään avata pullon ja päästää ilmat pihalle, jonka jälkeen pullon saattaa saada kiskottua irti. Seuraavalle reissulle uusimme juomapullosysteemit.

Minunkin pyöräni alkaa paukahdella pelottavasti. Onneksi vika on sama kuin Timon pyörässä aiemmin eli rasvaus ratkaisee tämänkin ongelman. Rasvaus tuntuukin ratkaisevan kaikki ongelmat, joten rasvailemme päivän mittaan pyöriä ja ihmisiä aina sieltä, mistä rutinaa ja pauketta alkaa kuulua.

Päätämme käydä Valkeakoskella kahvilla ja syömässä jotain pientä. Ajelemme pari kilometriä yhtä matkaa paikallisen kesäasujarouvan kanssa. Hän opastaa meidät hyvään kahvipaikkaan ja antaa vinkkejä, mitä kautta Valkeakoskelta kannattaa ajaa pois. Hän myös esittelee meille Valkeakosken Hakan kotikentän, joka on Timolle pyhä paikka. Pysähdymme kumartelemaan ja tekemään aaltoja.

Valkeakoskikin on jotenkin kemimäinen. Vähän huono ja haiseva maine, mutta kun tarkemmin tutustuu, Valkeakoskikin on todella kaunis ja mukava pikkukaupunki, jossa jalkapallo on näkyvässä roolissa. Eivätkä paperitehtaat nykyään juurikaan edes haise.

Nautimme kahvit lisukkeineen pienen konditorian terassilla torin reunalla. Naapuripöydässä istuu pari pyöräilijämiestä, he ovat varustuksesta päätellen lenkillä, sillä heillä on pyöräilytrikoot ja -kengät, muttei matkatavaroita. Kun he ovat lähdössä, toisella miehellä jää pöytään puhelin. Toisen naapuripöydän

144

pariskunta huomaa sen ja huikkaa kaverien perään. Pyöräilijä palaa hakemaan puhelimensa ja mutisee totisena, että olisin minä kohta itsekin huomannut ja lähtee. Naureskelemme pariskunnan kanssa, että saattaisi se kuitenkin harmittaa, jos on vaikka sadan kilometrin pyörälenkillä ja kotona huomaa, että puhelin jäi Valkeakoskelle.

Jatkamme juttua pariskunnan kanssa, he ovat kiinnostuneita reissumme sujumisesta ja epäilevät meidän joutuneen ajamaan monta päivää sateessa. Kerromme tyytyväisinä, että matkallemme on sattunut vain yksi kokonainen sadepäivä ja pari yksittäistä sadekuuroa ja kerromme siirtäneemme sään takia reittiämme länteen. Pariskunnalla on mökki Valkeakosken lähellä ja melkein koko viikon oli kuulemma satanut. Eli meillä on käynyt todella hyvä säätuuri. Tuulikin on ollut myötäinen melkein koko ajan. Toisaalta tuulen suunnalla ei ole juurikaan väliä, kun ajaa kapeita ja mutkaisia metsäteitä.

Myös kahvilatuttavamme antavat hyviä vinkkejä jatkomatkalle. Iittalan tehtaanmyymälässä kannattaa kuulemma käydä ostamassa tuliaisia. Kertovat siellä olevan paljon hienoa lasitavaraa. Toisihan se loppumatkalle ajamiseen jännitystä, jos ostaisi vaikka jonkun arvokkaan maljakon tai ruoka-astiaston. Sitä ei ehkä kuitenkaan kannattaisi pakata Timon tarakalle.

Jatkettuamme matkaa toteamme, että turhaan eivät Valkeakosken juttukaverimme reitin kauneutta kehuneet. Ihastelemme maisemia. Noteeraan myös pyörätien viereiset tuuheat nokkospuskat miettien, että olisi kauheaa tuiskahtaa tuonne. Olemme onneksi juuri ohittaneet nokkoset, kun Timo ajaa kuoppaan ja pyörälaukkunsa pompsahtaa taas epäilyttävästi. Huudan, että laukku irtoaa. Timo huomaa yhtäaikaa saman ja jarruttaa. Ei muista irrottaa kenkiään polkimista, joten pyörähtää pehmeän hidastetusti selälleen syvään kasvillisuutta täynnä olevaan ojaan. Viides kerta.

Lohdutan Timoa, että onneksi hän ei kaatunut vähän aiemmin kohdassa, jossa ojassa oli paljon nokkosia.

146

Timo toteaa lakonisesti, että kyseisenkin ojan pohjalta niitä löytyy aivan riittävästi. Nyt pitäisi taas pystyä olemaan nauramatta. Timolla on yllään vain pienet sortsit, joten makoilu nokkospuskassa ei häntä itseään naurata. Autan hänet pois ojasta, kukaan muu ei sentään nähnyt tapausta, jos jotain positiivista hakee.

Pysähdymme Voipaalan kartanon eteen juomatauolle. Ei näy kartanon ikkunoissa kummituksia näin kirkkaana kesäpäivänä. Valokuvattava kirkko sattuu taas matkan varrelle, tällä kertaa Sääksmäen keskiaikainen kivikirkko. Kirkon jälkeen maisemat jatkuvat edelleen upeina, saavumme Sääksmäen silloille. Ajamme järven rannalla olevalle taukopaikalle ja talutamme pyörät rantakalliolle, jonne asetumme syömään eväitä. Vähän harmittaa niin kauniin levähdyspaikan roskaisuus. Miksi ihmeessä ihmiset roskittavat, kun roskiksiakin kuitenkin on? Toki voi olla mahdollista, että linnut ovat levittäneet roskia, mutta vahvasti epäilemme ihmisiä syyllisiksi.

Levähdyspaikalle on pysäköinyt myös asuntovaunu-perhe. Vaunuseurueen ja meidän välissämme on tiheä pensaikko, joten emme ole näköyhteydessä, mutta kuulemme, kun perheen äiti kajauttaa: "Syömään!".

– *Mennäänkö meki?*
– *Mitähän sielä on ruokaa?*
– *Mennään ainaki kattoon ja kyssyyn.*
– *Mentäs vaan tuosta pensaan läpi ja sanottas, että ei ois tarvinnu, mutta kiitos, onki jo kova nälkä, ollaan pyöräilty koko päivä syömättä.*

Ajatus naurattaa kovasti, mutta ihan ei pokka riitä temppua toteuttamaan. Tyydymme siis omiin eväi-siimme. Valokuvaan kaunista maisemaa. Vihjaan, että Timo voisi välillä kuvata, jotta minäkin pääsisin joi-hinkin reissukuviin. Timo selittelee, että minun kuvaa-miseni on turhaa, koska kuulemma tuhoan kaikki it-sestäni otetut kuvat epäonnistuneina. Haluan ajatella, etten vaan ole kuvauksellinen. Oli vähän masentavaa, kun entinen työkaverini photoshoppasi minusta ottamaansa henkilökorttikuvaa tuntikausia. Kun photo-shoppaus meinasi jatkua vielä seuraavanakin päivänä, pyysin lopettamaan työn turhana.

Timo pyytää minua asettumaan kauniille kallionkie-lekkeelle ja katselemaan sielukkaasti järvelle. Loikin hankalaan paikkaan kalliolle, metallipohjaiset pyöräi-lykengät eivät ole parhaat mahdolliset kengät liuk-kailla rantakallioilla hypähtelyyn. Nostelen leukoja vähemmäksi ja otan eteerisen ilmeen. Timo tähtäilee ja huutaa sitten, että valmis. Puhelin putoaa Timon hyppysistä kalliolle, onneksi ei veteen sentään. Kun tarkistan puhelimen mahdollisia vaurioita, huomaan, ettei siinä ole yhtään kuvaa minusta eikä järvestä! Timo väittää, että kuvat varmaan katosivat, kun puhe-lin putosi. Niin varmaan. En asetu enää kuvattavaksi.

Ajelemme Iittalaan, ostamme kaupan edestä mansi-koita, jotka syömme nurmikolla. Kuumaa on. Pyörä-lenkkeilijä menee ohi ja näyttää peukkua. Meidät on noteerattu. Kysyn mansikanmyyjäpojalta, pääseekö Hämeenlinnaan päin jotain tietä suoraan vai pitääkö

149

meidän palata pistotietä pitkin takaisin 130-tielle. Kaveri neuvoi kauniin maalaistien, jota pitkin lähdemme. Muutaman kilometrin päässä pysähdymme risteykseen miettimään, kumpaa tietä pitäisi jatkaa.

Meidät saavuttaa vanhempi pyöräilijärouva, jolta tarkistamme reitin. Hän on menossa samaan suuntaan, ajelemme yhdessä hetken. Mukava rouva kertoo pyöräilleensä paljon, aiemmin jopa tuhansia kilometrejä vuodessa. Erkanemme ja toivotamme rouvalle hyvää jatkoa. Lisäämme vähän vauhtia etumatkaa saadaksemme. Rouva näytti ja kuulosti niin kovakuntoiselta, että epäilemme hänen hurauttavan meistä vielä ohi, joten joudumme hermostuksissamme ajamaan aika lujaa ja pysähtelemättä.

Saavumme Hämeenlinnaan myöhään iltapäivällä. Naiskaksikko opastaa meidät torille, jossa arvelevat kahvilan olevan vielä avoinna ja ovat onneksi oikeassa. Viihtyisä tori ja aurinkoinen, lämmin kesälauantai-ilta houkuttavat majoittumaan Hämeenlinnaan. Mietimme pitkään. Seuraavana päivänä olemme luvanneet

150

olla Helsingissä, jonne matkaa on Hämeenlinnasta rei-
lusti yli sata kilometriä, moottoriteitä pitkin kun ei voi
pyöräillä. Sään ennustetaan lämpenevän entisestään,
joten ylipitkä päivämatka epäilyttää. Haemme netistä
yöpaikkaa sopivan matkan päästä. Muuten voisimme
polkea mukavassa illassa vähän pidempäänkin, mutta
seitsemältä alkava jalkapallo asettaa taas aikarajan.

Turengista löytyy hotelli Mesku, johon Timo soittaa ja
varaa huoneen. Tai ainakin luulee varanneensa, jota-
kin jäi epäselväksi puhelusta. Hotellissa ei ole kuu-
lemma kahden hengen huoneita, koska ovat komen-
nusmieshotelli, mutta respa oli aikonut kuitenkin jär-
jestää sellaisen, vaikka aika täyttäkin toisaalta on...
Pieni epävarmuus siis jäi, että saammeko huoneen vai
emme. Päätämme kuitenkin polkea Turenkiin.

Mietin vielä monta kilometriä takaisin palaamista,
mutta seuraavalle päivälle jäävä pitkä ajomatka ja
Helsingissä odottavat rakkaat ratkaisevat. Jatkamme
siis matkaa. Moottoripyörämiehiä seisoskelee risteyk-
sissä, jotain lienee tapahtumassa? Jonkin matkan pääs-

151

tä vastaan tuleekin pitkä jono vielä meitäkin kova-
äänisemmin pöriseviä ja paukkuvia kaksipyöräisiä,
harrikoita ehkä?

Ajamme Turengissa ensin väärälle pihalle. Rakennuk-
sessa on pizzeria ja toisessa kerroksessa ravintola,
mutta hotellista ei näy merkkiäkään. Respa oli kyllä
puhelimessa sanonut, että avaimen saa pubista, mutta
ei tämä nyt näytä oikealta. Yläkerran baarin terassilla
näyttää olevan hurja meno. Ihmekös tuo, lauantai-ilta
sentään. Ja vielä erityisen lämmin sellainen. Vaikka
aivotoiminta tuntuu helteessä hiipuvan, älyämme sen-
tään katsella vähän ympärillemme ja siellähän se on
hotelli Mesku toisella puolella tietä olevassa raken-
nuksessa. Näyttää onneksi vähän rauhallisemmalta.
Timo menee pubiin selvittämään varaustamme, minä
jään kamojen kanssa ulos odottelemaan. On todella
kuuma, viimeiset matkajuomat juon lunkuttamalla.

Osa hotellin asfalttipihasta on aidattu terassiksi, jossa
istuskelee pari seuruetta. En voi olla kuulematta mies-
porukan keskustelua. Osa miehistä kuuluu asuneen

joskus Ruotsissa, he kiistelevät, kirjoitetaanko Gävle g:llä vai j:llä. Tarkemmin kuunneltuani oletan heidän olevan samaa mieltä keskenään, mutta tuntuvat siitä silti lämpimikseen kinastelevan. Seurueen kolmas mies huomauttaa, että kirosana jävla on sama sana kuin Gävle. Tai ainakin se sanotaan samalla lailla, esim. "jävla finne". Toiset eivät ota tätä mullistavaa kieli-havaintoa uskoakseen. Hienohelmaminäni meinaa nyrpistellä nenäänsä. Jos tässä vaiheessa olisi vaihto-ehtoja, vaihtaisimme paikkaa. Tarkemmin mietittyäni muistan kuitenkin, että omat viimeaikaiset juttumme eivät ole olleet yhtään korkealentoisempia. En sentään liity herrojen seuraan keskustelemaan ruotsin kielen vivahteista.

Timo tulee takaisin ja pyytää minua menemään hoitamaan kirjautumiset ja päättämään, otammeko aamiaisen, joka ei sisälly hintaan. Timo jää terassille juomaan palauttavaa. Kaivan lompakkoa esiin ja respan neiti ehtii jo tulla ovelle vastaan.

- *Emäntä kuulemma päättää aamiaisesta?*
- *Niin kuulemma päätän.*

Seuraan respan työntekijää hämärän pubin läpi tiskille. Silmät jäävät hetkeksi ulos aurinkoon. Tunnelma on kuin olisin astunut Kaurismäen elokuvaan. Isossa, oletettavasti 70-luvulla sisustetussa pubissa nuokkuu yksi asiakas pää retkottaen.

- *Paljonko yöpyminen ja aamiainen sitten maksavat?*
- *Pelkkä yöpyminen on 100e ja aamiainen on 6e per henkilö.*

Mietin, ettei meillä oikein ole vaihtoehtoja. Turenki lienee sen verran pieni paikka, että sunnuntaiaamuna tuskin löytyy muutakaan aamiaispaikkaa.

- *Täytyy meidän ottaa aamiainen, ei me muuten jakseta lähteä ajamaan.*
- *Äiti haluaa, että tuommoinen täytetään*

mahdollisimman tarkkaan, sanoo respa vähän anteeksipyytävän oloisena ojentaessaan kirjautumislomakkeen.

– *Joo tottakai, tämähän on lakisääteinen juttu.*

– *Kumpi se sitten maksaa, isäntä vai emäntä?*

– *Minä maksan. Moneltako se aamiainen on?*

– *Puoli kuudesta puoli kahdeksaan.*

– *Ohhoh, aika aikaisin. No, pittää laittaa kello soimaan, pääseepä sitten kerranki hyvisä ajoin jatkaan matkaa.*

– *Äiti ja isä tulee laittamaan aamiaisen.*

Ojennan kirjautumislomakkeen täytettynä takaisin.

– *Saanko ne huoneen avaimet?*

– *Ei kun mennään tuonne ulos, minä selitän isännälle avaimien käytön, niin tulee sitten kerralla selväksi.*

– *Aha. No minäkin otan sitten oluen terassille.*

Aprikoin, kuinka monimutkainen lukitussysteemi täällä mahtaakaan olla. Seuraan respaa ulos olueni kanssa ja vilkuilen ohi mennessäni, onko nuokkuva asiakas

155

mahdollisesti kuollut, koska on niin liikkumatta. Kaurismäki-fiilikseen sopisi, että asiakas olisi Matti Pellonpää. Ei ollut. Ja oli hengissäkin.

Timo on vähän ihmeissään, kun tulemme respan kanssa hänen luokseen. Respa ojentaa abloy-avaimet Timolle ja kertoo, että avaimella, jossa on P-kirjain avataan ulko-ovi ja avaimella, jossa on numero, avataan huoneen ovi. Timo ottaa avaimet ja on tavallista hölmistyneemmän näköinen. Käy mielessä, että kuinkahan hölmöltä minä sitten näytänkään, kun tuota tekniikkaa ei voinut minulle selittää. Mutta asia on nyt kunnossa, avaimet hallussa ja kylmä olut nenän alla kuumalla terassilla. Kaikki hyvin taas.

Respa jää tupakkatauolle pöytäämme jutustelemaan mukavia. Kun kyselemme, missä pyörät säilyisivät yön yli parhaiten ehjinä ja tallessa, hän lupaa, että ne voi tuoda sisälle käytävään. Se helpottaa. Terassi on kahteen asti auki, ei voi tietää, mitä joku humoristi saa illan päätteeksi päähänsä pyörät nähdessään.

Terassilla on lisäksemme kahden pariskunnan seurue, Gävlen miehet ovat lähteneet. Seurue on ilahduttavasti kiinnostunut matkastamme. Osa seurueesta on Rovaniemeltä, mutta ei ole kuulemma tullut koskaan mieleensä, että olisivat tulleet Turenkiin pyörällä. Kerromme, että meillä onkin niin vanhat autot, että polkupyöräily on erittäin varteenotettava vaihtoehto. Seurue lähtee ja toivottaa meille hyvää loppumatkaa. Viemme pyörät hotellin omistajaäidin ja respan osoittamaan paikkaan käytävään ja respa auttaa meitä kantamaan tavaramme huoneeseen, ystävällinen on palvelu! Kerromme tulevamme noin seitsemältä aamiaiselle, siinä ehtinee vielä hyvin syödä.

Huone on samaa tyyliä kuin koko hotelli ja ravintola eli aitoa 60-70-lukua, mutta suorastaan yllättävän raikasilmainen, vaikka huoneissa on kokolattiamatot ja haltex-seinät. Rakennuksessa täytyy olla hyvä ilmastointi eikä varmastikaan homeongelmia. Huoneen seinällä on tupakoinnin siivoussakon uhalla kieltävä kyltti, se on raikkaudesta päätellen tehonnut.

Moneltakohan aamiainen on arkiaamuisin, sunnuntai-
sinhan se on yleensä myöhemmin? Väsymys laukaisee
hysterian. Molempia alkaa naurattaa niin että happi
meinaa loppua.

– *Miksi se respa toi ne avaimet mulle ulos?*
– *Vissiin se ajatteli, että se on teknistä ja siksi
enempi miehistä asiaa. Ei tietenkään voinu
tietää, että minähän se varsinainen avain-
henkilö olen – vastasin sentään aikoinani
Kemin tekun avaimista ja lukituksista. Oisin
saattanu itekki ymmärtää ja osata opettaa
sulle tuon avaintekniikan.*

Timo saa olutta ja sipsejä ja katsoa matsia, joten
maailma on taas tukevasti radallaan. Pelin jälkeen
pitää päästä syömään. Samassa rakennuksessa olevan
pizzerian piti olla kolmeen asti auki, mutta ovet ovat
lukossa eikä ketään näy missään. Marssimme siis
siihen viereiseen rakennukseen, jonka pihalla olimme
aluksi haahuilleet, sielläkin on pizzeria. Syömme

terassilla ja lueskelemme iltapäivälehtiä, ei ole tullut juurikaan seurattua pyöräilyn ulkopuolisia tapahtumia matkan aikana. Maailmamme on ollut viime päivinä pyörätien levyinen.

Timo ehdottaa, että kävisimme oluella yläkerran terassilla, mutta en innostu. Meno näyttää liian hurjalta tähän olotilaan. Näyttää ja kuulostaa siltä, että koska tahansa terassilta voi lennellä ihmisiä yli laidan. Syödessämme seuraamme baariin menijöitä, monet juovat klassiseen tyyliin parkkipaikalla auton perästä kossu- tai jallupohjat. Olemme kaksi kertaa vanhempia kuin muut asiakkaat eikä meillä ole edes pohjajuomia. Sopisimme baariin kuin hajuvesi lihapullaan, joten jopa Timo on lopulta sitä mieltä, ettemme mene. Sen sijaan reippailemme kävellen pienen lenkin, jotta saamme vähän liikuntaa ja raitista ilmaa...

Osaamme helposti käyttää oikeita avaimia ja palaamme huoneeseen ennen kuin MM-futiksen illan toinen matsi alkaa. Myöhäispelin katsominen hotellihuoneen sängyltä on haasteellista. Minä en edes yritä, nukun

159

suosiolla. Timo yrittää. Käyn välillä hereillä ja kysyn kuorsaavalta Timolta, onko jännä peli. On kuulemma nähnyt ja kuullut sieltä täältä kuitenkin välähdyksiä.

Huoneemme on terassille päin ja on sen verran lämmin, että ikkunaa on pakko pitää auki. Terassikeskustelut jälkipeleineen raikaavat aamuyöhön asti. Minä en häiriinny, mutta Timo sanoo heräilleensä ääniin.

Yhdeksäntenä päivänä ajokilometrejä kertyi 102. Ajoaika oli noin 6 tuntia ja kokonaisaika taukoineen noin 9 tuntia. Nousua matkalla oli 340 metriä ja laskua 355 metriä. Alamme laskeutua kohti merenrantaa.

Päivä 10 - sunnuntai 6.7.2014
Turenki, Hotelli Mesku

Kello soi ennen seitsemää ja lähdemme aamiaiselle. Talo on aikanaan ollut varmaan tasokas, messinkikaiteet portaissa, kokolattiamatot kaikkialla, tilavia ravintoloita on ollut ainakin kahdessa kerroksessa, tanssiravintoloita oletettavasti. Ihan tulee nuoruus, Simon Vesimies ja Kemin Perämeri mieleen. Rakennus on hieno ja nostalginen edelleen, mutta pintaremonttia jo vähän kaipaisi.

Aamiainen on katettu entiseen ravintolasaliin. Kattajana on hotellin omistajapariskunta, rouva kattaa ruuat ja herra tarinat. Herttainen rouva käy kysymässä meiltä, olemmeko tosiaan pyöräilleet Kemistä asti. Myönnettyämme herra innostuu kertomaan muistojaan. Isänsä oli ollut aikeissa ostaa Kemistä kampatehtaan (emme kumpikaan muista kuulleemme, että

161

Kemissä on ollut kampatehdas?), joten hän oli kuullut paljon vanhoja tarinoita kotikaupungistamme. Hän kertoo mm. Kemin kuuluisimmasta valehtelijasta. Eräänä päivänä heti sotien jälkeen valehtelija oli pyöräillyt miesjoukon ohi ja joku miehistä oli huutanut, että tuleppa valehtelemaan jotakin. Valehtelija oli vastannut: "Ei jouva nyt, satamaan on tullu pottulaiva, pittää mennä hakkeen säkkejä kotua!" Miesjoukkoon oli tullut säpinää, kaikki olivat kiiruhtaneet koteihinsa hakemaan säkkejä ja polkemaan satamaan. Satamassa ei ollut perunalaivaa. Eikä valehtelijaa.

Isäntä kertoo hotelli Meskun olleen 1970-luvulla neuvostoliittolaisten rekkojen pysähdyspaikka. Rekat ajoivat pareittain ja aina ennen rekkojen saapumista oli tullut puhelu, jossa ilmoitettiin, ketä oli tulossa. Kun rekat saapuivat, oli tullut puhelu, jossa tarkistettiin, että ne olivat tosiaan saapuneet. Ja kun rekat lähtivät, oli tullut puhelu, jossa tarkistettiin, että rekat kuskeineen olivat lähteneet.

Kiittelemme, hyvästelemme ja lähdemme vatsat täynnä reissun viimeiselle pyöräilyosuudelle. Tämä viimeinen hotelliyö oli matkan kallein - ei todellakaan tasokkain, mutta ehdottomasti persoonallisin.

Ilma on jo puoli yhdeksältä todella lämmin, hellepäivä tulossa. Aurinkovoidetta läträämme heti aamusta. Nyt täytyy taas olla tyytyväinen navigaattorin ohjauksiin, valitsemansa reitti on hieno. Ylitämme upeita puusiltoja ja ajelemme mukavia teitä peltojen ja asutusalueiden keskellä.

Koirat tosin säikäyttävät taas, Temmeksen pedosta jäi kammo. Korkea-aitaisen tontin portilla on koiravaroituskilpi ja kun karautamme ohi, useita isoja koiria hyökkää verkkoaitaa vasten kahdella jalalla hyppimään, läähättämään ja haukkumaan. Kuolariekaleita läiskähtelee selkään. En uskalla edes katsoa, kiihdytän vauhtia ja pelkään, että koirat pääsevät tielle. Timo rohkeampana sentään katsoo, hänen mielestään koirat olivat todella isoja, ehkä Irlannin susikoria, mutta eivät kovin vihaisen näköisiä. Minun päässäni ne

163

olivat pyöräilijän lihalla eläviä dobermanneja. Emme palaa selvittämään rotua.

Alkaa olla jo todella kuuma, joten tien varrella oleva Ykslammen uimaranta tulee kuin tilauksesta. Käyn onnellisena polskimassa ja kellumassa, vesi on sopivan virkistävää. Timo ei ui, valokuvailee vaan kun Ykslammessa kelluu yks lammessa, runollisena vitsinä pääsen siis tällä kertaa valokuviin. Syömme ja juomme vähän. Timo vähentää vaatteita ja ajelee pelkissä pyöräilyalkkareissa, huhhuh. Ajaessa menettelee, mutta pysähtyessä pitää kyllä tarkistaa, ettei ole silminnäkijöitä näköpiirissä. Oma silmä tottuu kammottavimpiinkin asuihin, mutta ulkopuolisten verkkokalvoihin näky palaa varmasti pitkäksi aikaa.

Päätämme käydä Riihimäellä kahvilla ja haukkaamassa jotain. Me olemme erittäin harvoin missään liian aikaisin. Kerran olimme Haaparannalla, kun emme muistaneet ruotsalaisten olevan meitä tunnin jäljessä. Nyt ilmeisesti sitten olemme liian aikaisin liikkeellä. Ei meinaa löytyä avoinna olevaa kahvilaa.

164

On sunnuntaiaamu pikkukaupungissa, joten emme ih-
mettele. Torilta löytyy sentään pelastus, avoinna oleva
jäätelökioski, josta saa myös kahvia. Jopa muutama
muukin asiakas on paikalla. Timo ei yleensä osaa itse
päättää jäätelölajiaan, vaan peesaa useimmiten valin-
nassaan minua.

– *Minkä jäätelön ottais, minkä sää otat?*

– *Mää otan supertiikerin.*

– *Miks sää semmosen otat?*

– *Noko oon aamun ajanu sun peräsä ja tuijo-
tellu sua pyöräilyalkkareissas, niin ei tuu nyt
mitään muuta mieleen.*

Timo valitsee mielissään taas saman lajin. Syötyämme
jatkamme matkaa junaradan viertä kohti Hyvinkäätä.
Suomessa on paljon rakentamatonta maata, lähes-
tymme Helsinkiä ja ajelemme edelleen suurien heili-
möivien viljapeltojen keskellä. Rypsitkin jo osittain
kukkivat, joten osa maisemasta on ihanaa auringon-
keltaista peltoa. Paistaa todella kuumasti eikä

aurinkovoide tunnu juurikaan vaikuttavan, kertoimen pitäisi kai olla isompi kuin 15. Auringon puoleinen jalka ja käsi palavat väkisin. Pitää ajaa välillä ilman ajolaseja, jottemme muutu pandoiksi.

Hyvinkäällä hakeudumme taas terassille kahville ja suolaiselle välipalalle. Helle vaatii selvästi erilaisen tankkauksen kuin hiihtohousukelit. Viestittelen Porvoossa asuvan ystävämme kanssa, miehensä saattaa moottoripyöräillä meitä kannustamaan vielä ennen Helsinkiin saapumistamme. On niin kuuma, että jopa Timo alkaa kaipailla varjoa. Siirrymme siis syötyämme puiston siimekseen suunnittelemaan seuraavaa reittiä.

Käymme Jokelassa ostamassa limsaa, juomaa kuluu todella paljon. Ajamme vankilan ohi ja pysähdymme tien viereen vilttitauolle. Juuri kun olemme lähdössä jatkamaan matkaa, ystävämme kaartaa paikalle moottoripyörällään. Vaihdamme kuulumiset ja valokuvaamme toisiamme. Asumme ovat melko erilaiset. Ystävämme on täydessä prätkävarustuksessa ja me

166

olemme niin vähissä vaatteissa kuin vain voimme olla joutumatta pidätetyiksi epäsiveellisestä näyttäytymisestä. Kuvia katsoessa tulee mieleen, että minuakin kyllä pukisivat paremmin prätkä- kuin hellevaatteet.

Jokelan jälkeen ajelemme pätkän melko hankalaa radanvarsitietä, jolla on niin isokivinen kate, että olen aivan varma, että kaikki kumit puhkeavat. Ihmettelen suuresti, ettei yksikään puhjennut! Ei olisi vanhan Crescentini renkaat kestäneet, se on ainakin aivan varmaa. Komeasti olisivat paukahdelleet riekaleiksi.

Järvenpäässä ajelemme ohi iloisia kesäihmisiä täynnä olevien terassien. Timo ehdottelee, että mekin kävisimme oluella, mutta yllätän itsenikin kieltäytymällä ehdottomasti. Matkaa on vielä jäljellä ja helteellä ajaminen saattaa käydä tukalaksi oluen jälkeen. Sen sijaan pysähdymme McDonalds -puistoon mehutauolle. Siis siihen avaraan, hienoon puistoon, jossa on ne isot keltaiset tilataideteoshäkkyrät. Puiden alta löytyy onneksi varjoa.

Ajamme Tuusulanjärven itäpuolen museotietä. Hieno-
ja ovat maisemat ja talot. Nyt ei selvästikään olla köy-
hänperällä. Poikkeamme Aleksis Kiven kuolinmö-
kille – tai kuolinpesälle, sanoo Timo. On se kyllä niin
pieni mökki, että pesä on ihan sopivankokoinen nimi-
ke. Syömme ja juomme eväitä puiden siimeksessä ja
katsastamme Kiven mökin vain ulkoapäin. Olemme jo
niin lähellä koko reissun määränpäätä, ettemme enää
malta pysähtyä pidempään.

Timo tarkentaa navigaattoriin viimeisen etapin. Minä
olen sitä mieltä, että osaamme ilmankin, mutta olen
väärässä. Navigaattori paljastaa meille sellaisia oiko-
teitä, ettemme varmasti olisi osanneet niitä pitkin
omin päin. Pyöräteiden opasteet eivät olisi täälläkään
meitä juuri auttaneet.

Iloinen mieleni vaihtuu vielä säksätykseksi, kun huo-
mauttelen Timolle useaan kertaan, että alamme olla
ihmisten ilmoilla ja pyöräteillä on paljon muitakin
kulkijoita kuin me. Pelkään oikeasti, että Timo ajaa
vielä loppumetreillä kolarin. Pyöräteiden risteykset

168

ovat usein sellaisia, että niihin tullaan joka suunnasta alamäkeen ja aina jostakin suunnasta tuleva tulee alikulkukäytävästä eli näkyvyys on huono ja vauhti kova. Timo laskettelee jarruttelematta risteyksiin kädet lepotangolla ja kengät polkimilla lukossa. Lepotangolla ei ole jarruja, joten jos oikealta tulee pyörä tai mopo, pitäisi ehtiä yhtäaikaa vaihtaa asentoa, jotta voisi jarruttaa ja irrottaa molemmat jalat polkimista, jotta voisi pysähtyä kaatumatta. Mission Impossible 7. Onneksi kukaan ei tule yhtä aikaa risteyksiin ja Timokin alkaa matkan edetessä ajella varovaisemmin. Voin taas pikkuhiljaa räpäyttää silmiä.

Minun ajamiseni tuntuu välillä raskaammalta kuin koko reissun aikana. Vauhti on hidasta ja vähän väliä pitää pysähdellä levähtämään. Nyt alkaa kai matka painaa ja helle hyydyttää. Siltamäessä pysähdymme taas tauolle. Timo käy puskapissalla ja palaa kädessään frisbee-kiekko. Olemme näköjään frisbee-golf-radan reunamilla.

- *Kato, mitä mää löysin!*
- *Voi herranjumala, frisbeekiekko!*
- *Joo, enkö oo taitava? Kustessa nappasin toisela käelä heiton kiini.*
- *Sulla onki kengät märkinä. Käy heti palauttaan se sinne mistä löysitki, sielä pellaajat ettii sitä. Ne on kalliita!*
- *No eikä eti, tää oli heinikosa ja aivan sammaloitunu, ollu varmaan ainaki yhen talaven yli.*
- *Silti. Käy viemäsä takasin.*
- *Vien tämän tyttärele tuliaisena.*
- *Varmasti ilahtuu. Varsinki ku kuulee, mistä se on peräsin.*

Timo piilottaa innoissaan aarteensa laukunsuojan alle, en voi mitään. Kiekko kulkeutuu lopulta mukanamme Kemiin, jossa vasta puhdistin sen ja huomasin, että siinä on omistajan puhelinnumero. Suunnittelemme soittavamme omistajalle väittäen kiekon löytyneen Kemistä. Pitkä on ollut lähestymisheitto.

Siltamäessä syömme vielä proteiinipatukat, jotta jaksamme loppumatkan. Navigaattori on opastanut hyvän reitin pääkaupunkiseudun laitamilta kohti Kalliota. Vallilan kadut ovat minulle aivan tuttuja entisiltä työajoiltani ja Kallio on tietenkin tuttu vanhana kotikaupunginosanamme. Kun tyttäremme asuintalo jo melkein näkyy, ehdotan Timolle eri reittiä kuin navigaattori, joka mielestäni tuntuu taas vähän kierrättävän. Tottelemme luonnollisesti edelleen navigaattoria. Ei se paljoa matkaa pidennä. Viimeinen jyrkähkö mukulakivinousu Kirstinkadulle ja perillä olemme! Kello on seitsemän. Uskomaton fiilis.

Mutta missä ovat samppanjat, fanfaarit, maalinauhat ja hurraavat kansanjoukot? Luulimme koko Suomen elävän kanssamme tätä retkeä ja odottavan maaliin saapumistamme. Kalliolaiset näyttävät vähät välittävän meistä ja pyöristämme. Eivät ehkä ole kuulleet mitään koko reissustamme?

Laukkuja pyöristä irrotellessamme löytyy syy raskaalle ajolleni: olin kiinnittänyt mustekalan takajarru-

171

vaijeriin, joten kuminauha oli vetänyt aina välillä takajarrua päälle. Saipahan Timo viimeisenä ajopäivänä vähän tasoitusta. Kun lukitsemme pyöriä, Timo huomaa, että hänen vaijerilukkonsa vaijeri irtoaa lukko-osasta vetämällä. Itse lukko on kyllä kiinni, mutta vaijeri ja lukkomötikkä eivät ole toisissaan kiinni. Onkohan se ollut koko reissun tuollainen? Onneksi ei rosvot ole huomanneet. Se olikin reissun ainoa varusterikko. Eikä ihmisrikkojakaan tullut, ellei lasketa Timon pieniä kaatumisnirhaumia ja palaneita ihojamme. Emme laske.

Kymmenentenä päivänä ajokilometrejä kertyi 103. Ajoaika oli noin 6 tuntia ja kokonaisaika taukoineen noin 10,5 tuntia. Nousua matkalla oli 294 metriä ja laskua huomattavasti enemmän eli 358 metriä. Timon koko matkan jahtaamaksi nopeusennätykseksi tuli himpun verran alle 50 km/h jossakin sisä-Suomen alamäessä, jossa minä en uskaltanut edes katsoa Timon menoa.

172

Timo kävi seuraavana päivänä pyörällä keskustassa ja palautusoluella Roskapankissa ja muisti vasta sen jälkeen ottaa kokonaiskilometrilukeman pyörästä. Kannatti käydä, sillä täten kokonaiskilometrimääräksi roskapankkireissuineen tuli tasalukema 1000,0 km.

Jäi sellainen fiilis, että olisipa aikaa ajaa takaisinkin. Tuntui, että olisimme jaksaneet ja pystyneet. Viikon Helsingissä hengailtuamme ja pyöräiltyämme pakkasimme kuitenkin pyörät ja itsemme yöjunaan ja matkustimme takaisin Kemiin. Muutaman kilometrin pyöräily Kemin asemalta kotiin lämpimänä ja hyvin varhaisena kesäsunnuntain aamuna oli rento ja mukava päätös onnistuneelle matkalle.

Todella onnistunut reissu. Työkaluja ja ihmisten tai pyörien paikkaustarvikkeita ei onneksi tarvittu. Ei edes pinnankiristintä, sillä reittivalintaneuvottelut ja erilaiset ajotavat kiristivät pinnat välillä automaattisesti. Työkalut, paikkaustarvikkeet ja vararenkaat oli toki hyvä olla mukana. Liikennesuunnittelijoille terveisiä, että pyöräreitit pitäisi opastaa vähintään yhtä loogisesti kuin autoreititkin. Yleensäkin pyöräilyolosuhteita kannattaisi kohentaa. Retkipyöräilijät ovat hyviä matkailijoita: yöpyvät usein, ostavat syömiset ja juomiset matkan varrelta, pysähtelevät helposti houkutteleviin paikkoihin, eivät saastuta, eivät jaksa rettelöidä jne.

Suosittelemme vastaavaa reissua kaikille, joita matkapyöräily vähänkään kiinnostaa. Evääksi kannattaa ottaa rento mieli, paljon huumorintajua, löysä aikataulu, joustava reittisuunnitelma, samanhenkinen kaveri ja suolakurkkuja.

Epilogi:

Pyöräretken, parisuhteen ja elämän analogia

Kun reissusta on kulunut aikaa ja sitä on hiljaa ja
ääneen paljon mietiskellyt, tulee väistämättä mieleen,
että pitkässä pyöräretkessä ja parisuhteessa tai elä-
mässä yleensä on paljon yhtäläisyyksiä:

Etukäteen kannattaa miettiä, mitä mahdollisesti
tuleman pitää ja onko siihen tosiaan valmis. Kaikkeen
ei voi kuitenkaan valmistautua.

Peesaaminen on pääsääntöisesti helppoa. Peesaus-
vuoroja on välillä hyvä vaihtaa. Ei saa kuitenkaan olla
koko aikaa liian lähellä. Joskus pitää ottaa, antaa ja
saada omaa tilaa. Ei kuitenkaan liikaa, ettei eksy
kaverista.

Jos kaverilla on liian raskas kuorma, on autettava sen
kantamisessa. Jos kuorma hajoaa, pysähdytään yhdes-
sä kasaamaan se uudelleen.

175

Välillä on myötätuulia, aurinkoa, alamäkiä ja toisinaan sataa kylmää vettä vaakasuorasti naamaan. Välillä sadepilvi kulkee suoraan pään päällä, välillä pilvet pysyttelevät sivussa ja antavat auringon paistaa juuri meille.

Ylämäkiä riittää. Ylämäen päälle kun jaksaa, tulee alamäki, jolloin helpottaa. Yleensä. Ei aina. Joskus perään tulee toinen ylämäki. Alamäkiäkään ei kannata päästellä liian lujaa, jotta pysyy pystyssä ja kaveri pysyy mukana. Jos kaatuu, on noustava ylös, paikattava haavat, kerättävä kamppeet ja jatkettava matkaa. Jos kaveri kaatuu, hänet on autettava pystyyn. Eteenpäin päästäkseen on tehtävä työtä, koko ajan ei voi olla alamäki. Jos ei meinaa jaksaa, on levättävä.

Välillä tie on hiljainen ja välillä ruuhkainen. Välillä tie on suora ja tasainen, välillä mutkainen, kuoppainen ja kivinen. Välillä ajellaan seesteisesti hyräillen, välillä peto lokasuojassa huohottaen.

Välillä reitti on päivänselvä, välillä eksytään. Jos karttaa ei ymmärrä, voi kysyä tietä muilta ihmisiltä.

Välillä pitää saada sanoa suorat sanat, jos siltä tuntuu. Märehtimiset jätetään kuitenkin tien varren lehmille, ne ovat siinä ammattilaisia. Huumori auttaa. Toista on kuunneltava. Muitakin ihmisiä kannattaa kuunnella.

Kompromissit ovat välttämättömiä. Toiselle on suotava nautintonsa, vaikka ne olisivat erilaiset kuin omat nautinnot.

Matka on tärkein. Jos väline hajoaa, se korjataan tai vaihdetaan ja jatketaan matkaa. Ihmiset – rakkaat, ystävät ja oudommatkin – ilahduttavat, rikastuttavat ja helpottavat matkaa. Läheisten tuki on tärkeää. Kannustus on mukavaa. On myös muistettava kannustaa muita. On syötävä, juotava ja nukuttava hyvin. Onnea on nauttia hetkestä ja siitä, mitä on.

Toteutunut reittimme oli:

Kiitos kannustuksesta.